JN216108

子どもが、授業が、
必ず変わる！

「一期一会の道徳授業」

● 編著 ●

加藤宣行　岡田千穂

東洋館出版社

目　次

序　章　道徳教育再考―道徳授業の改革にむけて―

1　なぜ、「一期一会の道徳授業」を提案するのか　……………………… 6
2　授業スタイル………………………………………………………………… 6
3　教材とはどのようなものを指すか　……………………………………… 7
4　どうすれば読み物教材を生かすことができるか　…………………… 7
5　道徳教育のスタートはいつ？　………………………………………… 9
6　家庭と連携して行う道徳教育　…………………………………………10

第Ⅰ章　新学習指導要領の文言整理

1　教科になることは「格上げなのか」「格下げなのか」　………………14
2　「特別の教科　道徳」で何が変わるのか　……………………………15
3　内容項目はどう変わる？　………………………………………………17
4　「読み、心情を育てる道徳」から「話し合いを通して自ら考える道徳」へ ……18
5　問題解決的な学習　………………………………………………………20
6　アクティブ・ラーニング　………………………………………………24
7　コンテンツ・ベースからコンピテンシー・ベースへ　………………26
8　道徳的判断力・道徳的心情・実践意欲のつながり　…………………27
9　評価についてどのように考えるか　……………………………………28
10　話し合い活動をどのように仕組むか　…………………………………30

第Ⅱ章　「一期一会の道徳授業」のつくりかた

1　授業ストーリーをつくる　………………………………………………36
2　子どもたちが主体的に学ぶ道徳学習を目指して　……………………39
3　主発問のつくりかた　……………………………………………………41
4　よい教材の見つけ方、読み物資料の読み方　…………………………42

第Ⅲ章　実際の授業の展開

第1学年及び第2学年

A⑶［節度、節制］
かぼちゃの つる ……………………………………………… 44

B⑼［友情、信頼］
モムンと ヘーテ ……………………………………………… 48

B⑼［友情、信頼］
およげない りすさん ………………………………………… 52

C⑽［規則の尊重］
黄色い ベンチ ………………………………………………… 56

D⒄［生命の尊さ］
わきだした みず ……………………………………………… 60

第3学年及び第4学年

A⑶［節度、節制］
金色の魚 ……………………………………………………… 64

B⑼［友情、信頼］
ないた赤おに ………………………………………………… 68

C⑾［規則の尊重］
雨のバス停留所で …………………………………………… 72

C⒂［よりよい学校生活、集団生活の充実］
きれいなかさ立て …………………………………………… 76

D⒇［感動、畏敬の念］
しあわせの王子 ……………………………………………… 80

第5学年及び第6学年

A⑴［善悪の判断、自律、自由と責任］
うばわれた自由 ……………………………………………… 84

B⑺［親切、思いやり］
最後の一葉 …………………………………………………… 88

B⑽［友情、信頼］
ミレーとルソー ……………………………………………… 92

B⑽［友情、信頼］
ロレンゾの友だち …………………………………………… 96

B ⑪ [相互理解、寛容]
ブランコ乗りとピエロ ……………………………… 100

C ⑬ [公正、公平、社会正義]
森川君のうわさ ……………………………………… 104

D ⑳ [自然愛護]
ひとふみ十年 ………………………………………… 108

D ㉒ [よりよく生きる喜び]
本屋のお姉さん ……………………………………… 112

第Ⅳ章　「一期一会の道徳授業」を可能にする 2 つのツール

1　実践！　道徳ノート活用法 ……………………………… 118
2　写真と図解で分かりやすく解説！　板書活用法 !! ……………………………… 137

あとがき ……………………………………………………… 141

序章

道徳教育再考
―道徳授業の改革にむけて―

1　なぜ、「一期一会の道徳授業」を提案するのか

> 道徳とは考えて、考えて、考えて答える特別な授業です。大好きな授業です。
> これからも怠らずに考えていきたいです。　　　　　　　　　　　　　（A子）

　これは、数年前のことであるが、当時私が担任していた4年生のA子が道徳ノートに書いた言葉である。「考えて、考えて、考えて答える特別な授業」まさに今、教科化される「特別の教科　道徳」そのものであろう。と考えたとき、「特別の教科　道徳」は「特別に新しいことをしなければならない教科」というわけではないことに気づいた。これまで子どもたちの方を向いて、真剣に考え、実践してきた「目の前の子どもたちとの一期一会の道徳授業」これを行えばよいだけの話であると。

　また、同じ学級にいたS子は、次のようなことを書いた。

> 私は道徳が教科でないということにびっくりしました。なぜ、道徳のように一番大切なものが教科になっていないのでしょうか。　　　　　　　　　　　　　（S子）

　このような子どもたちの言葉に力を受け、私たちが取り組んでいる「一期一会の道徳授業」を形にして発信することには意味があるのではないかと思い、本書を上梓する運びとなった。同じ思いをもつ先生方とこれからの教科道徳の方向性について、腰を据えて考えていくきっかけになれば望外の喜びである。

2　授業スタイル

　専科として毎日どこかの学年、どこかの学校で道徳授業を行っているが、そのとき使用する教材は、ほとんどが副読本会社から出されている読み物教材である。

　つまり、今の私が行っている授業スタイルは、「ありきたりの読み物教材を使った、子どもたちが全員黒板に向かう形での一斉授業スタイル」である。

　旧態依然として新しくないと言われればその通りである。しかし、これは様々な方法をさんざん試みてきた結果の帰着である。一時期、自作読み物教材やメディアなどの素材開発に傾倒したこともある。また、展開もどうすれば面白くなるかと、保護者と読み物教材をつくって演示したり、教室を飛び出して青空道徳授業をしたり、今で言うICTを使って子どもたちが乗ってくるような工夫をしたりと、いろいろ試してきた。そして、ぐるっと回って今は定番読み物教材に戻ってきた感じである。

　それには2つ理由がある。

　ひとつは、多様な教材の選択・活用が謳われているけれど、結局全国で行われる道徳授業のほとんどは、市販の教材が使われていることである。たとえありきたりの教材でも「つまらないから使わない」ではなく、「つまらないと思っていたけれど、こういう使い方なら面

白い、是非使いたい！」という提案をしたい。

　ふたつは、自分が編集委員として、様々な読み物教材を世に出しているわけであるから、その活用方法には責任をもたねばならないと考えるからである。

3　教材とはどのようなものを指すか

　ほとんどの教材は、読んでいて人の心の温かさを感じ取ることができたり、「おや？　これはどうしたものか」と身につまされたりするようなつくりになっている。

　それはそれでよいと思う。毎回魅力的な教材を自力開発することができれば、それに越したことはないかもしれないが、それは時間的にも無理がある。また、教材というものは、子どもたちが考え始めるきっかけを与えるものであり、それが全てではないのだから、教材だけで完結するようなつくりでは、逆に子どもたちの考える余地がなくなってしまう。道徳の教材は、文学作品とは異なる趣旨で書かれているのである。

　つまり、教材は考えさせたいポイントが分かりやすく浮き上がるように、ストーリー全体がデフォルメされて書かれているのである。文学作品と違い、文字数も限られている。だから「ちょっとしらじらしい」展開になることもあるが、ある程度仕方のないことなのである。

　問題は、その「しらじらしさ」をいかにクリアするかである。文学作品と同じような読み取り方をしていては、その「しらじらしさ」をぬぐいきれないのは自明の理である。それは「読み物」教材に限らない。「誰がどこで何をした」「その時どう思った」などという、通り一遍の表面的な読みをしているうちは、本当の意味で教材を活用したことにはならない。道徳の授業で、教材のもつ「真のよさ」をみつける読みをしなければならない。

　正直なところ、現在の読み物教材で、「面白い！　これなら子どもたちが生き生きと真剣になって考えそうだ」というものは少ないのではなかろうか。だからといって、「これはつまらないから使わない」というスタンスでは、ほとんどの読み物教材が使えなくなってしまう。「こうやって使ったら面白かった！」というような、使い方の意識改革を行わない限り、世界は狭くなっていく一方である。

　読み物教材を生かすも殺すも展開次第。発問次第である。

4　どうすれば読み物教材を生かすことができるか

　読み物教材を活用する方法と言えば、

・途中で切って、キーワードを隠す。
・役割演技をさせて、主人公の心情に共感させる。
・「反価値」を出させて議論させる。
・モラルジレンマ的に価値葛藤させる。

等々がすぐに思い浮かぶ。しかし、まずは方法論ではなく、本質論で考えたい。

つまり、そもそも内容項目のもつ意味、よさはどこにあるのかということである。

▶▶ 内容項目
道徳の学習指導要領にある「親切・思いやり」「勤労」等である。

例えば、「勇気をもってことにあたる」ことは、普通に考えれば「よいこと」である。しかし、それが「わるいこと」になることもある。どういうことか、もっと考えていこう。

「勇気をもってことにあたった結果どうなるか」を考えずにとる行動は、勇気とは言わない。ただの無鉄砲である。これをはき違えてしまうと、道徳の授業は戦略として利用されてしまう危険性がある。

「勇気を出して戦地に赴く」という利用のされ方をしてしまった過去の反省から、一時期道徳（当時の修身）は、懐疑的な要素が強くなり、その名残は現在も続いている。

では、勇気とは何なのか。勇気を出して行動することによって、どんな「よさ」を生み出すことができるのか、これを考えなければいけない。そのようなことを腰を落ち着けて考える時間は、哲学者でもない限り、あまりないのではなかろうか。道徳の時間くらいは、そのような「分かっているつもりを、真に理解する」時間として位置づけたい。

授業も、人生も、哲学がなければいけない。

〈加藤　宣行〉

序章　道徳教育再考─道徳授業の改革にむけて─

5　道徳教育のスタートはいつ？

⑴ 幼小連携の観点から

　新学期が始まるとピカピカの１年生が入ってくる。上の学年の子どもたちや教師は１年生が楽しく登校できるように声をかけたり、歓迎会を開いたり、一生懸命迎える。特に６年生は、１年生を可愛がる。保育園や幼稚園等、様々な施設から来た子どもたちに対し、学校という新しい環境に慣れるまでは丁寧に教えることは大切である。しかし、「学校に行って勉強する」ことを楽しみにしてきた１年生なので、いつまでも赤ちゃん扱いして甘やかせることは逆効果になる。自分の反省としても１年生からがスタートであるかのような感覚が強く、「丁寧に教える」ことが最優先になり、それまで積み上げられてきたものについてはあまり意識しなかったような気がする。

　私は４年間だけであるが幼稚園の子どもたちと生活する機会があった。そこでの子どもたちの姿は、それまで幼稚園児に対してもっていたイメージを大きく書き換えるものであった。１日の日課に合わせて、友だちとかかわり合いながら自分のことは自分でできるように学ぶ子どもたちの生き生きした姿があった。

⑵ 人とかかわりながら学ぶ

　自由活動の時間が終わって、急いで保育室にもどろうと走ってきた女児が転んだ。結構な勢いで転んだので大丈夫かなと心配したが、泣くこともなくすぐ立ち上がってひざについた泥をはらっている。

　「大丈夫？　転んでも泣かないでえらいね。」

と声をかけると、

　「うちだったら泣くかもしれないけど、幼稚園では泣かない。」

と言う。幼い子どもであってもうちと外をしっかりと区別していることを知った。

　また、学芸会の劇の練習ではこんなことがあった。欠席した時のことも考えて、全部の役をダブルキャストで決めてある。セリフは２人で言うので、声の小さい子どもでも声を出してセリフを言うことができる。ところが、Ｂちゃんの相棒は風邪でずっと休んでいる。恥ずかしがり屋のＢちゃんは、自分の番が来ても目に涙をいっぱいためて自分のセリフを言うことができない。それを見ていたＡちゃんが、

　「私だって、Ｃちゃんがお休みだから一人で頑張っているんだよ。だからＢちゃんも頑張ってね。」

　まわりにいた子どもたちも、

　「Ｂちゃん、頑張れ！」

と応援する。練習を繰り返す中で全員がセリフを暗記しているので、みんなでＢちゃんを応援する。みんなに励まされて勇気をもらって、大きな声ではないが彼女としては精いっぱいの声で、なんとかセリフを言うことができた。

　３年保育で入園してきた園児は見た目も幼く、母親から離れて登園してしばらくは泣いて

いる子どももいる。また、最近はまだおしめも取れずに入園してくる子も多く、保育室には
かごに入ったおしめやパンツも用意してある。そんな3歳児であっても、周りを意識して
頑張ったり、友だちと助け合ったりしている。幼稚園の子どもたちは、生活の全ての場面で
生きた学習をしているのである。

　子どもたちは、小学生以上に素直で正直である。喜怒哀楽をはっきり表現し、遠慮なく教
師や友だちにぶつけてくる。幼稚園の先生は学校以上に子どもとの距離が近く、丁寧に子ど
もにかかわっている。感情のはっきりした子どもは、教師の対応が気に入らないと「○○先
生のばか！　あっちへ行け！」なんてことを平気で言う。それにもめげずに教師はやさしく
声をかけ、なだめながら子どもを受け止めて、いけないことを教えたり、どうすればよいか
を子どもに考えさせたりする。私なら怒ってしまうだろうなあと、幼稚園教諭の対応に感心
させられたことも何度もあった。泣きべそをかいた子どもの周りに教師やほかの子どもたち
が集まって話し合いをする場面も、日常的な子どもたちの姿であった。

(3) ゆったりとした時間の中で丁寧な幼児教育

　学校でも教師が子どもたちのトラブルの解決にかかわったり、クラスで話し合いをしたり
する。しかし、授業や活動の時間でいっぱいのスケジュールの中で、時間の確保は十分とは
言えない。それに比べると幼稚園では教科学習のない分、子どもの気持ちに合わせてゆった
りとした日課の中で、人や集団とのかかわり方などを丁寧に学ぶことができるのである。

　このような子どもたちの様子を知っているのと知らないのとでは大きく違ってくる。もち
ろん個人差もある上、幼稚園と保育園等、それぞれの機関で取り組み方は違うので一括りに
はできない。しかし、入学してきた1年生はゼロからのスタートではないことを認識する
ことで、子どもとの接し方も変わってくるであろう。道徳の授業だって、1年生であっても
教えるばかりでなく、自分たちで考えさせることができる。子どものもっている力をキチン
と見て生かす。それができるかどうかは教師の力量にかかってくる。

　学校も幼稚園も保育園も忙しい。「忙しいからできない」でなく、子どもたちの交流の機
会などをうまく利用して、学校に入学する前の子どもの様子を知ったり、教師同士で情報を
交換したりすることで、これまで以上に子どもたちの成長を後押しすることができるはずで
ある。

6　家庭と連携して行う道徳教育

(1) 家庭や地域と協力して取り組む

　評定のつく教科、特に国語や算数の成績について、保護者の関心は非常に高い。テストの
成績が悪ければ、「頑張れ！」とはっぱをかけたり、塾へ通わせたりして手立てを考える。
しかし、子どもの行動に関してはどうだろう。学校から呼び出されたり、子どもが登校を渋
ったりするようなことがあれば関心をもつが、そうでなければ国語や算数の成績ほどは関心
をもってもらえない。

序章　道徳教育再考―道徳授業の改革にむけて―

　道徳教育に関しても同じようなことが言える。運動会の練習で授業がつぶれて成績が下がれば、保護者会で「ちゃんとやってくれ」と教師がクレームをつけられることもある。しかし、遠足のグループを決めるために道徳の時間が使われたとしても何のクレームもないだろう。子どもが自分の生き方に前向きになれば、国語や算数だって頑張るはずなのに。

　学校では年間計画に沿って週１時間の道徳の授業を実施しているが、子どもたちの生活の半分は家庭で過ごす。だから道徳教育は学校だけでできるものではない。もし、学校だけの道徳教育ならば、学校でしか通用しないものになる。それを顕著に感じたことがあった。

　地区ごとに開催される運動会の時である。学校の運動会では整然と並んで入場の行進をしていた子どもたちが、地区の運動会では話をしていてだらだら歩いている。一緒に参加した教師が注意しても、ほとんど気にかけない。ON と OFF を切り替えることも必要であるが、この様子を見た時に、学校だけで通用する道徳では本当の道徳教育にならないと思った。

　当時、勤務していた学校が文部科学省の指定を受け道徳の研究に取り組むことになった。研究テーマは「学校と家庭・地域で協働して取り組む道徳教育」であった。家庭や地域の協力なしには実現できないので、保護者や地域の方々に集まっていただいて説明会を開催した。その時に、「道徳教育は学校でやるべきこと。それを家庭や地域に押し付けるのか？」といった反応があったと記憶している。結果的には２年間、保護者や地域の方と授業づくりを行ったり、子どもの前で話をしてもらったり、一緒に取り組んだ結果、そのよさを実感した家庭や地域が学校と一緒に動き出し、地域全体が「地域の子どもは地域で育てる」という意識に変わっていった。この時のことを考えると、道徳教育は家庭や地域と協力して進めることが効果的であり、また不可欠であるとつくづく思うのである。

⑵ キーワードは「子どものよりよい成長を願う」

　ところが最近は家庭の教育力が著しく低下している。様々な問題を抱えた家庭が増え、学期途中で転校したりするなど、不安定な家庭の状況をもろにかぶる子どもたちが大変多くなっている。昨日までと苗字が変わってもあっけらかんとしていたり、いわゆる秘密にしたいはずの家庭の様子を友だちや教師にペラペラと話したりする子どももいる。実は傷ついていることを隠すために、そういうふうにふるまっているのかもしれない。

　長年、教師として様々な子どもたちと接してきたが、うまくコミュニケーションがとれず対応に苦労した子どももいた。そういう場合は保護者ともあまりうまくいかなかった気がする。基本的には子どもは純粋であるが、家庭の影響でそんな純粋さを表に出せずにいる子どもがいることも確かである。また、一方で、少しのことでも傷つきやすい子どもが増えている。悪いところを修正するというより、そんな子どもたちを励まし元気づけるための道徳が必要である。道徳は学校と家庭をつなぐ一つの糸口になると思う。

　昨今、学校と保護者間の連携が問題視されることが多いが、子どものよりよい成長を喜ばない保護者はいないであろう。簡単に状況がよくなるとは思わないが、継続的に働きかけることが大切である。そのためにはまず子どもとしっかり向き合って、どの子どもも居場所のある学級をつくることが基本である。子どもたちが元気に登校し楽しそうに過ごしていること

が分かれば、保護者の見方は徐々に変わってくる。子どもを変えるためには保護者も一緒に巻き込んで対応していく必要がある。

　そうは言ってもいろいろな保護者がいる。基本は「対立しない」「同じ波長で向き合わない」である。相手が出す波長と同じ波長をぶつけてしまうと、どうしても対立してしまう。「子どものよりよい成長を願う」というキーワードで同じ側に立つだけでよい。寄り添うなんてカッコいいものでなくても、それだけで変わってくる。

⑶ 道徳の宿題を出す

> 　今日、道徳で言われるとうれしい言葉について勉強したけど、お家の人はどんな言葉がうれしいのかな。家に帰って聞いて、思ったことを道徳ノートに書いてきてください。

　毎週実施している道徳の授業が、学校と家庭をつなぐきっかけにはならないだろうか。例えば「今日、道徳で言われるとうれしい言葉について勉強したけど、お家の人はどんな言葉がうれしいのか聞いておいで」のような具合だ。授業の中で話し合ったことをもとに宿題として「家族の誰かに聞いてくること」を決める。はじめは聞いてくるだけ。次に、聞いたことをもとに自分の考えをまとめるようにする。やり方はともかく、保護者は意外に学校のことを知らない。子どもも必要がないと話さない。こんな宿題がきっかけで、学校の様子が分かる。

　そして、子どもたちが聞いてきたことを学級だよりで伝える。これを継続していくと、家族が子どもに「あなたは、どんな言葉がうれしいの？」と会話が生まれる。難しいことでなくてよい。簡単なことで続けていくことが肝心だ。

　「道徳の時間にどんなことを話しているのかな？」と少し興味をもってもらえたところで、今度は授業参観で道徳の授業を見せる。保護者会で普段の取り組みを話すと、子ども、保護者、教師とやり取りができてくる。こんな保護者会なら出席してみようかと思ってもらえるのではと思うが、どうだろう。

　道徳を中心に置いた学級づくりを行うことによって、家庭と連携した道徳教育が可能になるのである。

〈江藤　幸恵〉

第 I 章

新学習指導要領の文言整理

1 教科になることは「格上げなのか」「格下げなのか」

昭和33年に「道徳の時間」が特設されて早58年。道徳教育を授業で行うこと自体に賛否両論、当時大きな議論を巻き起こしたと聞く。賛成派、反対派、両者の主張はどちらももっともな部分があり、58年経った現在でも根本的な解決には至っていないと言ってもよいのではないだろうか。そのような時、平成30年度からの教科化が決まった。現行政策の一環としておりてきたことは確かであるが、やるからには前向きに受け止めたいものである。このタイミングでなぜ教科化なのか、その意義と留意点を考えてみたい。

教科化する理由としていくつか挙げられているが、その中でも次の2点がよく言われるところであろう。

・いじめ問題や生命を軽んずる傾向、風紀の乱れ等への対応
・教科でないため、授業がきちんと行われていない（時数確保されていない）現状

確かに両方ともゆゆしき事態ではあろうが、前者は教科にしたから改善されるというものでもないだろう。逆に、教科にして強制すればするほどゆがんだ方向に行ってしまうかもしれない。反対派の主張の論拠の一つがここにある。そもそも道徳教育は教育活動全体を通して行う人間教育であり、それを単一時間の授業に収められるはずがないし、収めるべきではない。だから教科化は「格下げ」であると。

後者は、道徳の授業なり教育活動全体で行う道徳教育なりが、カリキュラム上全く位置づくことなしに有形無実化している現状を打破するために、教科に「格上げ」して、その地位と時数を確立しようとするものである。確かに時数管理上はやりやすくなるかもしれないが、月曜日の1時間目あたりの一番つぶれやすい時間帯に、体裁繕いのために1コマ確保されてもあまり意味がないであろう。週に数時間ある教科ならまだしも、週1時間しかない道徳の授業を、一番時数が確保しにくい時間枠に入れるような発想からも、後ろ向きな姿勢が見え見えである。このような「特別扱い」は実際に現状のカリキュラム運営の中でも行われているが、教科化されて時数確保が叫ばれれば、なおさら形だけの時数管理がまかり通るようになってしまうかもしれない。重要なのは、時間確保よりも内容確保であろう。ということは、自己責任のうちに内容確保ができていれば今のままでよいのか。答えはNOである。

何事もそうであろうが、これでよしというものはない。いつまで経っても、どこまで行っても、「まだまだこれから」「もっともっと」があるはずである。その向上心、気概が人類を進化させてきたはずであろうし、これからもそうであろう。我々はそこに未来の可能性と明るい展望を見いだす努力を怠ってはならない。限界を作るのは自分自身である。しかし、その「もっともっと」が自己中心的な方向に向かってしまっては元も子もない。努力すればするほど、マイナスの未来が拓けてしまう。そこにこそ問題があり、その改善こそが急務である。そこにメスを入れることができるのが、道徳教育であり、教科化の意味であると私は考えている。

2 「特別の教科 道徳」で何が変わるのか

(1) 変わること

　教科になるということは、毎時間の計画・実施・評価がこれまで以上にきちんと行われなければならないということである。目に見える変化としては、次の2つが挙げられよう。

① 教科書を使う

　教科書を使うようになるといっても、「教科書に書かれている内容を教える」ということではなく、「教科書を使ってねらいとする内容をみんなで考える」というスタンスが大切である。さもないと、「教科書に書かれている答えを探し当てる学習」という、これまでの弊害から脱却できない。

　といっても、「みんなで考えればよいのだから、何を言ってもよい」というスタンスとも違う。学習である以上、何らかの学びへの到達と蓄積が必要である。また、子どもたちの真の学びのために、教科書以外にも様々な読み物教材を開発・活用していく必要がある。

② 評価

　特に評価については何らかの形での記述が必要になってくるであろう。ただし、評定ではないので、数値評価ということにはならないであろう。評価には、授業評価と子どもたちの道徳性の変容の評価という2つの側面が考えられよう。これを同列で考えるわけにはいかない。前者は授業改善のために当然必要なことで、私たち教師にも違和感なく受け入れられるところであろう。しかし、後者はそもそもそのような評価が可能なのかという問題から考えていかなければならない。

(2) 変わらなければならないこと

　授業改善が急務である。「分かりきったことを言わせる時間にならないように」という趣旨の問題提起が中教審や文科省から出されたが、まさにその通りである。

　週1時間の授業が「こうあるべきもの・ことを覚え、体得する時間」になってしまい、それを毎時間評価されるようなことになっては、子どもたちのみならず教師もがんじがらめになってしまう。「分かっているつもりだったものを改めて見つめ直し、自分自身のより良い生き方に照らし合わせて再構築していく時間」にしていきたいものである。

(3) 変えてはいけないこと

　教科になっても、日常の生活体験との関わり合いを深く意識しながら、教育活動全体を通して学んでいくことは変わらない。単なる技術の習得や、知識の獲得が目的ではない。人としてよりよく生きるという教育の大本の部分を担う、重要な教科なのである。そのような学びは、一朝一夕に結果が出せるものでもない。授業で親切・思いやりの学習をしたから、すぐに親切なことができる人になれるわけではないのである。かといって、何もしないでもいいということでもない。心の見えない部分を少しずつ耕し、いつか花開く日が来るのを焦らず、怠らずに待つことが大切である。だから「特別の」教科なのである。

本来、道徳教育は教育活動全体で行うことが前提であり、そのような意味では、各教科・領域から超越した存在であるべきものである。とすれば、教科化されることによって「一教科に成り下がる」というとらえ方もできよう。しかし、それはあくまでも「道徳科」単体としての教科化の場合であり、たとえこれまでの「道徳の時間」という枠が教科化されたとしても、教育活動全体で行う「道徳教育」が並立する形で残る限り、格下げにはなり得ないであろう。これまで教科でないからという理由で、何をやってもよいと都合よく解釈され、学習内容のない時間として週1時間の枠が使われていたような実態があったが、それがなくなると考えれば、むしろ「格上げ」と呼んでもよいのではないかと思える。

　「特別の教科　道徳」とはよく言ったものである。この位置づけは、それらの思い、経緯をうまく表していると思う。

　道徳教育は人間教育である。全ての学習の根本に据えるべきであり、だからといって、どこでもできるから、意識して取り上げて扱わなくても自然に身につくべきものであるというわけでもない。教科としてきちんと押さえるべき内容はある。その内容を学ぶからこそ、他教科・他領域、そして家庭・地域にまで自然に関わってくるのである。とはいっても、その押さえるべき内容が、価値の押しつけでは困るのである。それはこれまでの歴史の経緯が物語っている。何を教え、何を考えさせるのかという、道徳の時間における学習内容とその学習方法を明確にする必要がある。これが今回の教科化の一番の課題ではなかろうか。その上での教科化であれば、大賛成である。

　道徳の教科化は、道徳の授業を教科としてきちんと学習内容を学ぶ時間としよう、その上でそれだけにとどまらず、実生活への発展、広がりを見据えようという基本理念に寄り添うことができれば、決して格下げにはならないはずである。

〈加藤　宣行〉

第Ⅰ章　新学習指導要領の文言整理

3　内容項目はどう変わる？

1　内容項目の順番の変更

A　（主として自分自身に関すること）

B　（主として人との関わりに関すること）

C　（主として集団や社会との関わりに関すること）

D　（主として生命や自然、崇高なものとの関わりに関すること）

※1〜4の3と4が入れ替わり、A〜Dとなった。

2　各内容項目の内容の整理

○　通し番号になり、キーワードで整理された。

例）1-⑵→A⑸　希望と勇気、努力と強い意志

○　新たな内容項目が付加されたり統合されたりした。

ⅰ）低学年

A⑷　個性の伸長

C⑾　公正、公平、社会正義

C⒂　伝統と文化の尊重、国や郷土を愛する態度

C⒃　国際理解、国際親善

ⅱ）中学年

B⑽　相互理解、寛容

C⑿　公正、公平、社会正義

ⅲ）高学年

C⒃　よりよい学校生活、集団生活の充実　　※2つの内容項目の統合

D㉒　よりよく生きる喜び　　　　　　　　※中学校より移行・前倒し

　①　前学習指導要領の内容が整理され、系統で示されたこと、②　内容項目の中にキーワードが挙げられたこと、③　いじめ問題に絡めて低・中学年に新たに「個性伸長」「公正、公平、社会正義」「相互理解、寛容」が付加されたこと、④　中学校からの移行で「よりよく生きる喜び」が付加されたこと、の4点が、大きな変更点である。

　その中でも、留意したいのが②である。挙げられている文言をただ子どもたちに教えればよいわけではない。道徳科は、前述の通り「分かりきったことを反復する」時間ではないからである。例えば「友情」であれば、「友だちって大切だよね。」と押さえるのではなく、友だちに価値があると感じるのはなぜなのか、友情にはどのような形があるのか、「信頼」と「友情」はどのような繋がりがあるのか、などの問いを、教材をもとに深めていき、行為から良さに向かう心が見えるようにする。キーワードが出てきたから授業は成功、ではなく、キーワードをきっかけとしてその真意を深めていくのが肝要である。　　　　　〈岡田　千穂〉

17

4 「読み、心情を育てる道徳」から「話し合いを通して自ら考える道徳」へ

文部科学省の見解は次のようである。

> このことにより、「特定の価値観を押し付けたり、主体性をもたず言われるままに行動するよう指導したりすることは、道徳教育が目指す方向の対極にあるものと言わなければならない」、「多様な価値観の、時に対立がある場合を含めて、誠実にそれらの価値に向き合い、道徳としての問題を考え続ける姿勢こそ道徳教育で養うべき基本的資質である」との中央教育審議会答申を踏まえ、発達の段階に応じ、答えが一つではない道徳的な課題を一人一人の生徒が自分自身の問題と捉え向き合う「考える道徳」、「議論する道徳」へと転換を図るものである。
>
> （平成 27 年 7 月　一部改正小学校学習指導要領解説　総則編）

この「考える道徳」「議論する道徳」とはどういうことなのかを、私たちはきちんととらえなくてはならない。

(1) 「考える」「議論する」とはどういうことか

子どもたちは様々なことを考えている。

「今日の給食は何だろう。」

「宿題を忘れてしまった。どうやって先生に言おうか。」

「今日の算数の問題は、ちょっと難しいぞ。どうやって考えたらいいだろうか。」

「（授業中に）先生に言われたことは、どのように考えたらいいだろうか。」

「休み時間、外で鉄棒しようか教室でおしゃべりしようか、どっちにしようかな。」

「先生はああ言ったけど、自分はここが引っかかる。みんなにもどう思うか聞いてみたい。」

全て、ある意味、思考活動である。しかし、全て同質のものではない。

道徳で「考える」ということはどういうことだろうか。

道徳的な諸問題について、考え、議論する、ということはもちろんだが、それだけでは足りない。例えば、「『ルールを守らなかったら厳罰にする』ということについてどう思うか考え、それぞれの立場で議論せよ。」というテーマが掲げられたとする。このテーマについて「賛成か反対か」という立場を明らかにするためにも考えなければならないが、その「考える」は、道徳教育で言う「考える」とは少し違う。道徳教育で言う「考える」は、「ルールはなぜあるのか」「ルールでなければ守らなくてもよいのか」「守るべきものは何なのか」ということについて考えることである。「ルールは守らなければならないから守る」というのは「考える」というより「条件反射」である。

同じ理由で、「議論する」ことも、ただ「白黒つけるため」とか「どちらがいいかを決めるために」というのでは、ただの口達者を育てることになってしまう。

(2) 道徳の授業でしかできないことをする

　前述した「ルールを守らなかったら罰金！」的なテーマは、道徳でなくても、総合的な学習の時間や特別活動の時間でも学習を展開することができる。道徳の時間にすべきことは、このテーマをきっかけにして、「ルールを守る主体者である私たちが、どのようなことを大切にすればよいのか、そうすることによってどのような恩恵がもたらされているのか」という、本質的な部分を考えさせることである。

　だから、考えれば考えるほど「そういうことか、それは素敵だなあ。」と心が動いたり、「よし、もう一度ルールを見直してみよう。」とやる気がわいてきたりすることが大切である。「分かった！」と「いいなあ！」と「よし、やるぞ！」は連動している。

　表面的な話し合いの活発さが歓迎されたり、意地の張り合いになったりすることのないような展開にすることを留意しながら、授業を構想したいものである。

5　問題解決的な学習

⑴ 内容項目に潜む「問題」

　例えば「友だちとはどういうものか」ということについて考えてみたい。少し考えてみた
だけでも、教室のクラスメイト、同じ団体のチームメイト、個人的な趣味や時間を共有する
仲間、目的を共有し苦楽をともにする仲間、相手を心から理解し高め合う存在である親友
……等々、様々なくくり方、とらえ方をすることができることが分かる。

　もっと具体的に考えてみよう。低学年の学校場面を想像してみる。まだお互いをよく知ら
ない、しかも幼・小時期にありがちな、自分中心のものの見方をする傾向がある子どもたち
が同じクラスに配属される。「さあ、これからみなさんは友だちですよ。仲よく頑張りまし
ょう！」これで初期の友だちはできあがりである。ここから本当の友だち関係を結んでいく
ためにできることは何であろうか。

　例えば、「みんななかよく」というスローガンを掲げるとする。これ自体は間違いではな
いし、指導として通りやすい。しかし、いきなりこれを通してしまうと、全ての価値判断が
後付けになってしまう。つまり、「みんななかよく」するためには、「自分の思いは押さえて、
相手に合わせよう」という裏のメッセージが含まれているからである。道徳の時間には、そ
のような裏のメッセージを考えさせることから、友だち観を再度見直し、再構築させるとい
う作業が必要である。

> **POINT 1**　内容項目を「裏のメッセージ」と対にして考える。

　少し考えただけで、「みんななかよく」＝「相手に合わせる」ではないことが分かった。
かといって、もちろん「みんななかよく」＝「相手に合わせない」でもない。では、どのよ
うに考えたらよいのであろうか。

⑵ 教材に潜む「問題」

　教材には具体的な行為・行動しか書かれていない。もちろんそれでよい。下手に心理描写
などしてしまっては、子どもたちに心を押しつけることになりかねない。かといって、具体
的な行為・行動だけを見て、「下手な読解指導」をしてしまうのも考えものである。

　つまり、「みんななかよく」している教材を読み、登場人物の気持を聞くとしよう。

　子どもたちはおそらく「みんな楽しそう。」「なかよくできてうれしいな。」「もっとなかよ
くしたいな。」などという「答え」を言ってくれることであろう。しかし、前述したように、
そこには「答え」はない。そのような表面的な理解では、本当に教材を読んだことにはなら
ないし、内容項目について深く考えたことにはならない。

> **POINT 2**　教材の表の世界を読んで、分かったつもりにならない。

⑶ 教師が抱える「問題」

　教師は年間計画に基づいて、全てのカリキュラムを遺漏なく行わなければならない。しか

も、効果的かつ効率的に。

　ここに「問題」がある。つまり、どうしても「年間計画が遅れているからなんとかしなければ」「明日の授業をどうしよう」という観点で授業を考えるようになってしまうということである。真面目な教師であればあるほど、その傾向が強い。しかし、真に考えるべきことは「この授業を行うことで、子どもたちをどうするか」ではなかろうか。「年間計画や単元計画があるから、本時でこの授業をする」のではなく、「子どもたちにここに気づかせることによって、より豊かな生活を送ることができるようにさせたい」ために、本時でこのような授業を行いたい、そのために全体計画の中でこのように位置づける。もちろん、年間計画はそのような趣旨で作成されているはずであるが、年度当初の子どもたちの実態も把握しないままに作成された計画に、どこまでその本来の趣旨が反映されているかははなはだ疑問である。

　教師は、目の前の子どもたちの意識や成長にきちんと向き合い、「今、この子たちに必要なこと」を臨機応変に行うことができる実践力をもって授業に臨みたいものである。

⑷ 子どもが抱える「問題」

　前項で述べたような教師の都合とは全く関係ない世界で、子どもたちは授業に臨んでいる。面白ければ表情が変わるし、つまらなければ手いたずらを始める。しかし、いかに大変な作業であっても、たとえどんなに難しい問題であっても、自分に必要である、やりがいがあると感じれば、前のめりになって食らいついてくる。大人もそうであるが、基本的に子どもはよくありたい存在なのである。

　だから、日常生活の中や授業中に、「あれ、おかしいな？」「どう考えたらいいのだろう？」と思えば、それを解き明かしたい、みんなで考えていきたいと思うのである。そのような子ども自身の「問い」を「問題」にかえて授業を展開させることが、本来の問題解決ではないかと考える。

⑸ 授業の実際

　このような問題提起・問題意識から授業を始める場合、その後を従来の展開で流してしまうと意味がない。例えば、「よい友だちって、何をしてくれる人のことだろう。」という「問題」が生まれたとする。それを受けた発問は「この教材の中に『よい友だち』のヒントになる友だち関係はあるだろうか、自分たちの力で見つけよう。」ということになる。そのような問題意識から教材（読み物教材）を読むからこそ、「あ、分かった。」「見つけた！」となるのである。そして、「あれ？　もしかしたら『何かをしてくれる』ということではなさそうだぞ。」とか、「何かをしてくれないことも『よい友だち』の条件に入るのかもしれない。」などというように、はじめの「問題意識」は授業の中で次第に醸成され、変化していくはずである。そのひとつひとつに丁寧に向き合い、必要な問い返しをしながら子どもたちの考えを練り上げていき、ひとつの結論に導いていくことが教師の指導であろう。

　だからこそ、前述したように、これまでのような心情を追うだけの展開や、ただ単に教師が提示した共通課題を全員で話し合い、発表し合うだけの展開では限界があると思うのだ。

次に、問題提起の仕方、バリエーションについて述べたい。

【子ども自身の道徳的な「問い」を生むための３パターン】

① 教師提案型……既習事項に対する揺さぶり。

　　「あれ!?　知っているつもりだったけど、分からなくなってしまった！」

② 児童主体型……「アンケート」や「日記」などで拾い上げ、子どもの意識を喚起する。

　　「友だちと仲直りしたい。どうしたらいいのかな……。」

③ 児童主導型……子どもの日常体験を充実させ、そこから生まれてくる問題を取り上げる。

　　「先生、これはどういうことなのかな？　今度話し合いをしてください。」

　　「先生の考えを聞かせてください。」

　このように、最初は教師主導で子どもたちの問題意識を刺激することから始めて、次第に子どもたち自身の主体的な活動にシフトさせていくようにする。どれを使うかは、学習内容によって必要に応じて使い分けるということになるだろう。低学年だから必ず①で行わなければならないということもない。

　例えば、１年生でも次のような問題意識で教師に問いかけてくることがある。

　　「ないていたおんなのこ」

　あさ、クラスはちがうけれどおなじ１年生の女の子がちゅうおうげんかんでないていました。ちこくしちゃったみたいです。こんなときって、ずっとやさしくして（あげて）いるのと、（だまって）みているのとどっちがいいのですか？こめんとをふたつかいてください。

（A子）

　A子さんは、あまり親しくはないけれど同じ学校の友だちである女の子に対して、自分はどういう対応をしてあげることが一番よかったのか、友だちとしてふさわしいことは何なのか、人に優しくするとはどういうことなのかということについてはたと悩み、考えようとしている。このA子さんの問題意識にどう向き合うか、道徳の授業としてできることは何だろうか。それを考えるのが、私たち教師の問題意識であり、それを子どもたちと授業で話し合っていこうとすることが、問題解決的学習の入り口ではないだろうか。

問題解決すべき「問題」は本来子ども自身の「問い」であるべき

　しかし、最初から問題意識をもって学習に臨む子どもは希であろう。だから、初めの刺激や問題提起は教師がしても構わない。

　子どもに主導権を任せきりになるのもよくないし、かといって、教師が強引に引っ張りすぎるのも考えものである。

【問題意識を醸成し、解決に向かって有意義な話し合いを展開するための３ステップ】

① 本時のテーマとなるような「問題」を教師の方から提示する。

② 問題を解決するための予想を立て、それをもとに教材を読み、照らし合わせる。

③ 照らし合わせることによって生じた新たな疑問や問題点を洗い出し、話し合いを進める（必要に応じて教師の方が新たな観点を提示したり、子どもたちに深く考えさせるための問い返しをしたりする）。

⑹ まとめ

◆子どもとともに「問い」を作る

　　初めは教師主導で。授業の中で子どもたちの問題意識を引き出し、共通課題として醸成する。

◆「問い」に対する気づき、わかりを子どもの言葉でまとめる

　　共通課題として創り上げた「問い」に関して、一つの見解を見出し、それを子ども自身の言葉でまとめさせる。板書を効果的に使うこともポイント。

〈加藤　宣行〉

6 アクティブ・ラーニング

心が動かなければ身体は動かない。

　2012年8月に出た中央教育審議会答申で挙げられた「アクティブ・ラーニング」は、今や現代教育のキーワードともいえる言葉となった。もともとは大学教育を端とした言葉であり、学生の能動的な参加を促すための学習法の総称である。古くから行われていた伝達型の講義では、学生の能動的な学びを促せないという主張から生まれたと言われている。学生の能動的な学びを促す方法として、グループワークやディスカッション、プレゼンテーションなどの活動が組み込まれるようになったようである。確かにこれらの活動を行えば、一見学生は能動的に学んでいるように見える。しかし、能動的な学びは学生（学習者）の「もっと知りたい・学びたい」という学習意欲が肝要であり、活動が活性化していることとは必ずしもイコールではないように思える。

　このような観点を基に、道徳科における「アクティブ・ラーニング」について考えてみる。言葉の語感からか、言語活動の充実との関わりを挙げて、話し合い活動を充実させることだと主張する声も聞こえるが、果たしてそうであろうか。子どもたちの「もっと知りたい・学びたい」という主体的な学びがそこに存在するだろうか。

　道徳科の目標は「道徳的諸価値についての理解を基に、自己を見つめ、物事を多面的・多角的に考え、自己の生き方についての考えを深める学習を通して、道徳的な判断力・心情・実践意欲を養う」ことである。とすると、「自分についてもっと知りたい」「自分の生き方についての考えをもっと深めたい」という学習意欲があるか、そして「もっとこのように生きていきたい」という自己の未来を拓こうとする思いがあるかどうかが、道徳科の学習においては肝要であるといえる。活動を活性化させることよりも、子どもたちの頭の中を活性化させることに主眼を置くべきなのである。

　では、道徳科の中で子どもたちの頭の中を活性化させるために必要なものは何であろうか。それは、子どもたちが今まで当たり前だと思っていたもの（既知）から、今まで考えたことがなかったもの（未知）を引き出し、問題意識をもたせることである。これが、道徳科の学習の動機付けになるといえる。

　このように考えると、道徳教育におけるアクティブ・ラーニングには消極的なものと積極的なものの2種類あるような気がする。

【消極的アクティブ・ラーニング】身体を動かそう

　〈ステップ1〉とにかく活動を与え、「お客さん」を作らない。

　〈ステップ2〉グループワークなどを設定し、学習者同士の刺激のやり取りを保証する。

【積極的アクティブ・ラーニング1】心を動かそう

　〈ステップ3〉映像教材や資料提示の工夫を行い、子どもの興味・関心を引く。

〈ステップ4〉子どもたちが考えたい、解き明かしたいと思う問題を提示し、その解決のために話し合う。

【積極的アクティブ・ラーニング2】心と身体を動かそう

〈ステップ5〉子どもたち自身が問いを作り、それを解き明かし、より良い生活をするために大切な心の在り方を学び、実生活に生かそうとする。

〈ステップ6〉実生活で抱えた問題意識をもちより、授業の中で考え追求し、得られた学びの成果を携えて実生活で試し、実感し、さらによりよいものを希求する生き方をする。

このように考えてくると、「特別の教科 道徳」の意味が見えてくるように思う。

つまり、週1時間の道徳科でアクティブにすべきは、身体ではなく頭（思考）であり、その授業内でのモチベーションが高まれば高まるほど、授業後の日常生活で、実際に「もっと考えた」「やってみた」「実感した」というように身体がアクティブになるのである。前者が道徳的実践意欲の高まりであり、後者が道徳的実践であろう。

〈岡田　千穂〉

7 コンテンツ・ベースからコンピテンシー・ベースへ

コンテンツ（内容）重視の学習か、コンピテンシー（能力）重視の学習かという議論は、教育課程の歴史の中で永続的になされているテーマである。いわゆる「学力重視」か「生きる力重視」かという問題であるが、学習指導要領の歴史をたどってみれば分かるように、これまでの歴史は「右か左か」どちらかに大きく振り子の幅が触れていた。しかし、結論から言えば、どちらも大事なのである。

内容がしっかり理解されていなければ、使いこなすことができない。使いこなすことができなければ、生きて働く力として身につけた知識や技能を活用できるはずがない。自明の理である。

しかし、ここで話題にしたいことはそういうことではない。

能力というものを具体的に考えてみよう。「コミュニケーション能力」「情報活用能力」などというような言葉が思い浮かべられよう。しかし、いくらコミュニケーション能力に秀でていても、その使い方が間違っていては何にもならない。詐欺師がよい例であろう。ある意味、彼らほどコミュニケーション能力に長けている人種はいないのではないだろうか。また、サイバーテロを行うような輩は、当然のことながら、コンピュータやネット上の知識を人一倍もっているであろうし、人並み外れた情報操作能力も有しているはずである。しかも、毎日何時間も根気強くモニターに向かい、社会情勢を正確に捉えながら、学習を蓄積して最新の情報をゲットするような、「勤勉さ」も兼ね備えているわけである。このように考えると、コンテンツかコンピテンシーかという問題ではないということに気づく。つまり、コンテンツをベースにしたコンピテンシーをどのような方向に使うのかという、力を使う方向が大事ということである。

そして、その方向を見定め、自らの判断で勇気をもって進む指針を与えてくれるのが道徳教育である。つまり、コンテンツ・ベースからコンピテンシー・ベースという議論だけでなく、コンピテンシー・ベースを人としてよりよく生かすための方向づけをする、いわばヒューマン・ベースの観点が必要であり、それができるのは道徳教育であるという自覚と自負をもって指導にあたりたいものである。

〈加藤　宣行〉

8 道徳的判断力・道徳的心情・実践意欲のつながり

平成27年度に公表された学習指導要領の改訂で「道徳的判断力・道徳的心情・道徳的実践意欲」と順番が入れ替わり、前学習指導要領よりも道徳的判断力を重視しようという意向が見られた。これは、道徳科において情的理解よりも知的理解を重視するという意思表示だと捉えてよいだろう。一方で、「判断力＝自己決定力」と捉えて「こんなとき、君ならどうする？」と、その場での判断を問う授業スタイルも増えるのではないかという懸念もある。しかし、道徳科で育てるのは「自己決定」するための素地となる「判断の基となる心」であり、ただやみくもに判断の機会を設けることで道徳的判断力が養われるとは考えにくい。

▶▶ **知的理解・情的理解**

人は感情で動く生き物である。しかし、ただ感情を動かすだけでは、その後に生きる学びには繋がらない。
知的理解は、一般的に大切だと言われていること・ものに対し、「分かった、そういうことか。」と自分なりの解釈をもつことができることである。一方、情的理解は「素敵だなあ。」等と心が動くことである。この、知的理解と情的理解がうまく噛み合うと、頭で納得した上で、自らの意思で動くことができる。

そもそも、道徳的価値ほど「それはなぜよいのか」「なぜ大切なのか」という根拠がおざなりにされているものはないのではないだろうか。例えば「勇気を出すのはよいこと」と一般的には言われているが、それがなぜよいのかが議論されることはほとんどない。その「なぜ」を解決しないまま、「勇気を出すっていいなあ。」と感じられるよう授業をデザインしてしまったら、自分の意思ではなく感情のみで動く子どもも、表面的な言葉だけを捉えて動く子どもを育てかねない。一般的によしとされている内容を、「それはなぜよいのか。」と問い返し、自分なりの解釈を見つけること、自分なりに哲学していくことが、道徳的心情の育成、道徳的実践意欲の向上に繋がっていくといえる。

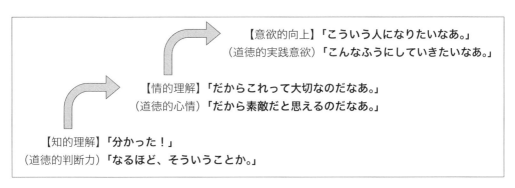

ここで培われた道徳的実践意欲の向上が、学習指導要領で謳われている「道徳的実践」に結びつく。道徳科を通して豊かになった心が行為に結びつくことで、より実のある実践ができるようになるのである。

〈岡田　千穂〉

9 評価についてどのように考えるか

教科化に伴い、評価をどのようにするかが問題視されている。

確かに道徳の評価は難しい。というより、不可能である。なぜか。具体例を挙げて考えてみよう。

〈問題〉

> 満員の電車の中で、座っていた女の子が立っていたお年寄りに席を譲りました。
>
> この女の子の道徳レベルは何ポイント（何点）でしょう？　100点満点で答えてください。

さて、読者のみなさんだったら何点にするだろうか。

「人に親切なことをする」という、行為のみにスポットを当てるのであれば、100点をあげてもよいであろう。これなら分かりやすい。目に見える世界（結果）のみを相手にすればよいのであるから。これをパフォーマンスと呼ぶならば、この女の子のパフォーマンス遂行能力は満点である。ここに笑顔や「どうぞお座りください」などという「おまけ」が付こうものなら、もう120点！　文句なしであろう。

……ところが、ここからがややこしい。では、「笑顔」や優しい言葉がなければ、減点なのか。どの程度の笑顔ならよいのか。笑顔を作るのが苦手な子が一生懸命作った笑顔と、愛想のよい子が普通に示した笑顔とでは、どちらの価値が高いのか。

そんなものは較べる対象ではない。どちらが高い低いなどと較べようとする方がナンセンスであり、無理であろう。

では、較べようがないものをどうして評価できようか。

だから、道徳の評価は不可能なのである。

とすると、「特別の教科　道徳」で評価すべきものは何なのであろう。

結論から言えば、ひとりひとりのよりよい生き方を支える、道徳的な観点からの自己評価能力を高めるということになるだろう。

最終的に、子どもたちがよりよく生きるための力を育てることが目標である。よりよく生きようとするためには、「このような生き方がしたい」「こういう人になりたい」という理想を掲げる必要がある。理想を掲げるためには、本当にその生き方がいいなあと心から思えることが大切である。心から思うことができるためには、「分かった」という知的な理解、納得がなければならない。

つまり、授業では、子どもたちの知的な理解を促進し、そこから得られる感動をもとに、実践意欲を育み、実生活に返すというステップが必要となる。つまり、

A　まず評価すべきは、授業改善のための分析的評価である。

B　次に行うべき評価は、子どもたちの人間的成長を促すための、子どもたちひとりひ

> とりの背中を押してやる前向きなコメントという形の承認・称賛的評価である。
>
> C　最終的に行われるべき評価は、各自ひとりひとりが行う、よりよい生き方を希求する中で自然発生的に生ずる自己評価である。

ということである。

A 分析的授業評価

　本時の授業のねらいはどこにあり、そのためにどのような手立てを講じ、結果的に子どもたちはどのような視点を得ることができたか、価値観を拡充することができたか、これからの自分自身の生き方につなげて、よりよく生きようとする意欲をもつことができたか。それらを評価することが可能となるように、ねらいの設定を明確に行う必要がある。何を学んだのかという学習内容をはっきりさせる必要がある。学んだことを子どもの言葉でまとめさせることで手立ての有効性を検証することができる。

　例えば「〜する心情を育てる」というような曖昧なねらい設定ではなく、①「登場人物の○○と△△との行為を起こすもととなる心の違いが分かったか」、②「○○のような心の使い方のよさが分かり心が動かされたか」、③「○○のような心を使って、自分自身の生活を振り返ることができたか」というように、ねらいを具体的、複数化することで、授業の流れも見えてくるし、評価もしやすくなる。なぜなら、このねらいの設定自体が達成できたかどうか、手立ては有効であったかどうかを評価し、改善し、次に繋げるよりどころとなるからである。

B 承認・称賛的児童評価

　そのような授業を意図的・計画的に行うことで、子どもたちは自分の生活をよりよくしようとする主体として前向きに生きようとする。その気づきや、言動を言語化して意味づけすることが、道徳の所見、つまり文章表記された子どもひとりひとりの評価と呼ぶべきものである。そのような子どもを評価する言葉は、相手をランク付けしたり、欠点をあげつらったり、根拠もなくおだてたりするものでなく、相手の道徳的な気づき・高まりを前向きに認め、尊重し、称賛すべきものである。

C 道徳的自己評価

　生きる主体となって自らの生活に臨むことができるようになった子どもたちならば、きっとこれから出会うであろう様々な場面で、自ら問題意識をもち、自ら考え、判断し、それを自己評価しながら生きていくことができるようになるであろう。これが「生きる力」である。

10 話し合い活動をどのように仕組むか

⑴ 発達段階に応じた話し合い指導のコツ―道徳授業を通して―

　小学校１年生の子どもたちと授業している時、何か意見を求めると、身を乗り出すようにして手を挙げ、「はい！　はい！」と異常なまでのテンションで自己アピールしてくる場面に遭遇することが少なくない。そしてＡ子さんを指名するとうれしそうに語り出す。Ａ子さんの発言が終わるやいなや、また「はい！　はい！」の連呼。順番にＢ男くん、Ｃ子さんと続く……そのような経験をおもちではないだろうか。これはどういう現象であろうか。

　４～７歳くらいまでの、幼小期の子どもの特徴の一つは、自分が中心の世界に生きているということであろう。自分が言いたいことを言いたい、聞いてもらいたい。他の友だちの言うことはほとんど聞いていない。興味がないとか相手を否定しているとかいうことではなく、純粋に自分を見てほしいという一心からである。それが証拠に、休み時間など教卓の前で１人の子どもと話をしていると、次々に別の子どもたちが割り込んでくる。自己顕示欲が強いというわけでもなく、悪気もなく、ただ自分の言いたいことを我慢できないのである。そこに、同じような気持ちでいる他者がいることにも気づかずに。

　想像力の欠如と言ってしまえばそれまでであるが、それも重要な発達段階のステップである以上、こちらも腰を据えて相対してやる必要がある。

　小学校の低学年の指導は、そのような自己中心的な世界から少しずつ他者の世界へと広がりを見せてやることにある。当然のことながら、低学年の話し合い活動を指導する際には、そのことを念頭に置いて、他者意識をもたせるようにすることが必要である。

　中学年になると、自分だけの世界から他者へと意識が広がってくるようになる。それに伴って抽象的な概念も扱えるようになり、見える世界が全てではなくなる。かといって、頭の中での思考活動で答えを見出そうとはせず、実体験に基づいた「為すことによって学ぶ」要素がいまだ強い。

　それが高学年になると、逆に頭の中で考えた思考、知識に頼りすぎるようになり、物事を理屈で考えるようになる。低学年の時とは逆に、必要以上に他者を意識し、自分を抑えて周囲に合わせようとしたり、人と同じことをしようとしたりする傾向が出てくる。

　このような子どもたちの発達段階を考慮しながら、話し合いの観点を定めていくことが必要である。

⑵ 道徳授業における話し合い活動

【３つのポイント】
① 話し合いたいと思わせる。
② 話し合うことでより良い結果が生まれるという見通しと実感をもたせる。
③「１＋１＝２以上」にさせる。

① 話し合いたいと思わせる

・「え!? そういう意味ではないんだけど……」と思わせる。

・高い問題意識をもつ子どもの抱える問題を全体で話し合う。

　まずは教師側からの刺激として、子どもたち全体で考えさせ、話し合わせたいことを日常の子どもの言動や日記などから拾い上げる。ただ黙っていては拾い上げることができない。道徳の時間に観点を示して日常生活の中での意識を変えるとか、日記を書かせて子どもたちの無意識の声から見つけ出すとか、それなりの「撒き餌」が必要である。

　ある日、私のクラスのAくんが、日記にこんなことを書いてきた。

> 　きのう、きゅう食をもらうためにならんでいた時、Kくんがぼくの前にわりこんできました。友だちとおしゃべりしていて気がつかなかったみたいです。
> 　ぼくはKくんにちゅういしようと思ったけれど、まあいいかと思って入れてあげました。どっちがよかったのかなぁ…

　私はこれは優しさや友だちに対する心遣いについて、全体で話し合わせ、考えさせるための絶好のチャンスだと思い、道徳の時間の導入で使った。その時の授業の様子と子どもたちの反応は、大変興味深いもので、確実にねらいに向かった話し合いとすることができた。最終的に子どもたちが到達した結論（答え）は、

> 　友だちだから、きびしく、やさしく、いっしょにいる。

というものであった。一緒にいるという意味は、常にそばにいてかいがいしく世話を焼くという意味ではなく、つかず離れず、必要な時は手をさしのべ、そうでない時は距離を置いて見守るということである。

　このような本質に向かった話し合い活動を繰り返すうちに、子どもたちは、話し合いには意味があり、互いの意見をよい意味でぶつけ合うことで新しい知見が得られること、その知見をもとに実生活をよりよくできる可能性が増えることを実感する。そしてそのような意味のある話し合いを今後も繰り返していきたいという意欲と希望と自信をもつのである。

　そのような子どもたちは、自ずと次々に問題提起や提案をするようになる。例えば、私のクラスでは「先生、○○について今度道徳の授業で話し合わせてください。」とか「□□はどういうふうにしたらいいのでしょうか。みんなで話し合う時間をください。」などと言ってくる子どもたちが数多くいる。

② 話し合うことでより良い結果が生まれるという見通しと実感をもたせる

　このような子どもの問題意識から話し合いを始めた場合、必ず最後に落ち着きどころ、納得解を出させることが重要である。それによって子どもたちは「ああ、分かった！」「そういうことならできそう」「話し合ってよかった」という意識になる。

　そうすることで、話し合いに意義を見出すようになり、ますます話し合いに積極的に関わっていこうとするであろう。また、必要に応じて、自分たちから話し合いを行うようになる。

話し合いを通して、自分たちの生活をよりよくしていこうとする姿勢が身につくのである。
　例えば、私の学級（平成27年度1年生）では、こんなことが起きた。
　「先生、クラス目標を作りたいのですが、どうですか。」という提案をNさんがしてきた。
　通常は学級担任が子どもたちの様子を見て、課題と目標を設定し、それを学級目標や生活目標として掲げるものであろう。私のクラスでは、もちろん担任の方針やキーワード的なものは示していたものの、クラス目標という形で具体化していなかった。このNさんの提案が一つのチャンスだと思い、子どもたちに学級会を開かせて話し合いの場を設けた。
　子どもたちは、目標を作ることに賛成し、どのような言葉にしたらよいかを話し合い始めた。その中で、「昨日、道徳の時間に見つけた言葉がいい。」という意見が出され、満場一致で取り入れられたのが「支え合い」という言葉であった。この言葉は、前日の道徳の授業で愛校心や学級のよさについて話し合いをした時に、子どもたちが見つけ出したキーワードである。
　その言葉とともに、これも授業中に生み出した、支え合いのロゴマークがあるのだが、それも掲げようということになった。そのようにしてできたのが、次のフレーズである。

> みんなでささえ合い、えがおがふえる4部1年

　語呂もよくないし、目新しさもないテーマだが、子どもたちが実感を伴う学習体験・生活体験の中から生み出した言葉である。

　次の日、Sさんが左のような掲示を作ってきた。
　S「先生、これを机の上に飾っていいですか。」
　私「う〜ん、それはちょっと邪魔じゃない？」
　そんな会話をしているうちに、Kさんが横長の模造紙を持ってきた。
　K「先生、うちで作ってきたよ。これにみんなで目標を書いて、教室の壁に貼ろう。」
　私「おお、それはいいね。じゃあ、今日の宿題は、みんな1文字ずつ目標の言葉やマーク、関係ありそうな絵を描いてくることにしよう。」

第Ⅰ章　新学習指導要領の文言整理

　私たちがこれをするのが普通だからと、あまり考えずに慣例的に行ってきている数々のルーティーン。しかし、1年生の子どもたちにとっては、ひとつひとつが初の体験である。「それをするのが当たり前」という発想ではなく「なぜそれをするのか」を、子どもたちと一緒に初心に戻って考え、話し合い、実行していくという作業は、ある意味、本質に立ち戻る重要な活動ではなかろうか。

　1年生だからこそできる、意味のある話し合い。自分たちで考えたからこそ、自主的に行動化できるし、責任を負うこともできるであろう。せっかく1年生担任になったのだから、子どもたちと共に楽しんで活動を見つめ直していくゆとりがほしい。

　③「1＋1＝2以上」にさせる

　例えば、A子さんの発言が終わった後、他の子どもたちが待ってましたとばかりに手を挙げたとする。その時は、すかさず次の子どもを指名するのではなく、ひと呼吸おいてから、次のように投げかける。

【ステップ1】

「はい、みなさん手を下ろして。A子さんの言ったことを言える人、手を挙げなさい。」

　これで、子どもたちは友だちの意見を意識するようになる。これがある程度意識できるようになったら、次のような投げかけをする。

【ステップ2】

「A子さんは大切なことを2つ言いました。それを見つけて教えてください。」

　観点を絞ることにより、また、数の縛りを与えることにより、学習のねらいに沿った話し合いにすることができる。

【ステップ3】

「A子さんの言ったことをもとにして（A子さんの言葉を使いながら）、隣の人と話し合いなさい。」

　自分の中での思考（インプット）から、相手意識のある思考（アウトプット）へと変化させる。その一番取り組みやすいのが、隣の友だちである。だからといって、何でもかんでも隣組というのもいただけない。まずはじっくり自分で思考させる。その上で、ある程度問題

意識や見通しを持たせた上でのアウトプットでなければ、時間の無駄になってしまうこともある。また、隣同士の友だち関係や気分によって影響を及ぼすこともあるので「逆効果」にならないように留意する必要がある。そのために必要な指導が意味づけとフィードバックである。

　例えば、
「今、みなさんが隣の人と話し合って、自分の答えが増えた人はいますか。新しい発見があった人もいますね。このように自分とは違う人と話をすることで、自分の考えが増えたり膨らんだり、深まったりするのですね（意味づけ）。みなさん、よい話し合いができましたね。そういうみなさんになら、もっと長い話し合いの時間があっても大丈夫そうですね。次も期待しています（フィードバック）。」
というように投げかける。子どもたちは自分たちが頑張ってやったことに意味づけをしてもらい、励ましてもらったことで、俄然「やる気」と「やり方」というパワーをもらうことができる。

〈加藤　宣行〉

第**II**章

「一期一会の道徳授業」の
つくりかた

1 授業ストーリーをつくる

(1) 内容項目を教師自身が考え直す

「道徳の時間には、裏のメッセージを考えさせることから、友だち観を再度見直し、再構築させるという作業が必要である。」ということは前章の「問題解決的な学習」の項で述べた。私たち教師は、このような作業を授業前に行う必要がある。

つまり、「して当たり前のことだからもっとしっかりやりましょう。」という発想ではなく、「なぜ、当たり前なのか。」を考えることから始めるということである。哲学すると言ってもいいかもしれない。

例えば「あいさつはした方がよいか」と問われれば、恐らくほとんどの子どもはYESと答えるであろう。そのような平均値で授業を進めても、一定の所へは到達できるかもしれない。けれど、それは全員が「知っている」「同じことを考えている」ということが前提である。ここで、NOと答える人がいるかもしれないということを考慮してみる。NOの理由は何であろうか。あいさつをして嫌な思いをしたことがあるのかもしれない。では、「あいさつをして嫌な思いをすることがある。」という少数意見を大切にして、「あいさつをするかしないかは、自分の判断で決めましょう。」ではあまりに無責任すぎる。かといって、「やはり、みんなで気持ちのよいあいさつをしましょう。」という結論では強引すぎる。どうしたらよいか。

極端に考えることも必要である。例えば、「誰もあいさつをしなくなったらどうなるか。」とか「いやいやあいさつをするのと、あいさつはしないけれど相手に笑顔で接するのとではどちらがいいか。」など。これらを授業前に考えておく。そうすることで、自然に内容項目の捉え直し、再構築ができる。教師自身も思い悩むような問いが生まれ、「これを子どもたちに聞いてみよう」というように、授業の主発問や問い返し発問が生まれるかもしれない。

(2) 教材を読み考え直す

このような内容項目の捉えができると、教材を読む観点も変わってくる。「ああ、この登場人物は、初めからあいさつはしているけれど、初めの頃と終わりの頃のあいさつの質が変わっているな。この違いを子どもたちに聞いてみよう。」というように。教材には「あいさつの仕方の変容」は書かれているが、「あいさつの質の変容」は書かれていない。書くことができない。だからこそ、授業を通して「書かれていないものを読ませる」活動が必要となる。それが適切な発問を通した指導であり、それをさせるのが教師である。

(3) 一期一会の発問

内容項目の捉え直しと、教材の深い読みができたとき、自然にこの教材でしかできない発問に行き着く。生きた発問である。

(4) 超具体授業実践シナリオの見方・使い方

このシナリオは、この通りに行えば100％うまくいくというものではない。子どもと授業をされる先生次第で、いかようにも着色できるようになっている。つまり、あえて自由

第Ⅱ章 「一期一会の道徳授業」のつくりかた

度・アドリブ性・オリジナル性を残した、70%授業シナリオである。その点をお含み置きの上ご使用いただきたい。**30%あるいはそれ以上を、ご自身でつくっていただきたい。**

① まず、ゴールイメージをもつことから始める。本時のねらいであるが、「子どもたちにこれを気づかせたい、考えさせたい。」という具体的なイメージをもつことが大切である。そのイメージが、子どもたちの様々な反応を受けても戸惑うことなく、適切な問い返しを行いながら授業を進める糧となる。

> ①【ゴールイメージ】
> 　比較させる発問に基づく友だち同士の意見交流を促し、子どもたちの発言を問い返すことによって、友だちのよさを多面的・多角的に検討し、拡充させる。

② 次に、導入での具体的な活動を1つ決める。これは、教師が事前に考えてきた内容項目の捉えを子どもたちにさせてみるということでもよいし、子どもたちの抱える問題意識を共有するということでもよい。いずれにしても、導入での問題提起が1時間の方向を決める重要な要素となるので、なるべく具体的に、かつ本質的に設定することがよい。

　　②「友だちだから　　　　　　　」を聞く（書かせる）。

③ 全体を見通した上での、「一期一会の発問」（主発問）とそれを支える「問い返し」（補助発問）を考える。

例えば下は、低学年の「およげない　りすさん」のシナリオであるが、このように、考えさせたい友だち観を深めるために、最初と最後のかめたちの友だち観の変容を捉えやすいように図解して対比させる。そうすることによって、子どもたちは「何が変わったのか。」「変わったことのよさは何か。」「自分たちが気づいたことは何か。」「気づいたことを実生活に生かすメリットは何か。」等について考えやすくなる。

【知的理解】
○ 図で描いて考えさせる。　かめ　

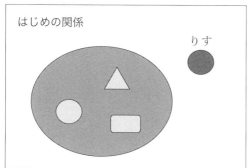
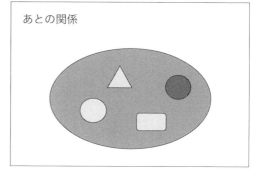

発　問　はじめとあとの友だち関係の違いと、特徴（特長）を比べて考えよう。

37

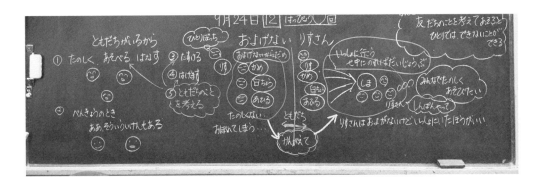

　このような「図解し、比較して考える」活動は、実際に視覚化することが効果的である。
　道徳ノートに書かせることもいいし、このように板書に反映させていくのもよい。子どもたちは黒板を共通の土俵として、時には全員で同じ方向を見ながら話し合ったり、時には黒板に出て自分の考えを書きながら説明したりしながら、考えを醸成させ、深めていく。
　そこから、「あ！　分かった！」とか、「ああ、そういうことね」とかいうように、自然に内容項目の理解が深まっていく。子どもたちは、教師が授業前に行った内容項目の捉え直しと同じことを、実際の授業の中で、ライブで体験するわけである。
　更に深めるために、教師は様々な問い返し（補助発問）の引き出しを用意しておき、必要に応じて出し入れする。あくまでもゴールイメージを忘れないようにしながら、子どもたちの反応によって、臨機応変に引き出しの出し入れをすることが重要である。間違っても、あらかじめ用意したものを順番に出していくなど、通り一遍の対応は避けたいものである。
【知＋情的理解】
　○ 問い返しを行う。
　　・本当は3人はりすさんに合わせて我慢しているだけでは？
　　・りすさんも（泳げないのだから）怖い（楽しくない）のでは？
　　・どっちの3人と友だちになりたいですか？　それはなぜ？
　　・そういう友だちだったら、これからどんなことができそうですか？
　④ 次に、授業で発見したこと、学んだことをもとにして、自分の生活を重ねさせる。自然に、【意欲的高揚】を図ることができることが多い。
　　④ 再度、「友だちだから　　　　　　　」を聞く（書かせる）。
　⑤ 最後に、子どもたちの発言を評価・意味づけする。
　子どもたちの発言の良かったところ、どのような意味があるのかを、教師がフィードバックという形で評価したり、友だち同士で相互評価させたり、自分自身の振り返りをさせることで自己評価させたりする。一般的に感想発表という形が多いが、発表して終わりではなく、必要に応じて、この振り返りも指導の対象とするべきである。

第Ⅱ章 「一期一会の道徳授業」のつくりかた

2 子どもたちが主体的に学ぶ道徳学習を目指して

ズバリ、子どもたちが主体的に学ぶために、授業において変えるべきは「発問」。
閉じた発問から、開かれた発問へ。

　従来の発問は、読み物教材の内容をいかに把握し、共感的理解を図るかに重点が置かれていた。だから、登場人物の状況や心情を問う発問が多くなる。つまり、「主人公の〇〇と△△は何をしたか。」「その時の△△の気持ちはどんなだったか。」というような発問である。そのような発問に対して、子どもたちが使う力は、文脈から読み取る読解力と、「道徳的に考えると正解は……。」というようなクイズ的な類推力が中心となる。この類の発問は、初めからある「答え」を読み解いていくようなスタイルとなり、新しい発見をするというよりは、常識的なことの見直しをするという形になりがちである。当然のことながら、初めから分かりきった正解を言い当てるゲームのような展開になってしまいがちである。答えは初めから分かっているのだから、そのような発問で授業を進めれば進めるほど、結論はどんどん狭められていく。それが「閉じた発問」である。それでは子どもたちにとってやりがいのある学びにはなりにくい。

　それを、読み物教材を読むだけでは分からない、「道徳的ではない」考え方をすることで、「ああ、そう考えればこれにも意味があるなあ。だったら……。」とか「そうか！　自分たちが、主人公の行動がいいなあと思った理由はこういうことだったのか！」「なるほど！　そんなこと考えたこともなかった!!」というように、思考がどんどん広がっていく発問がある。それが「開かれた発問」である。

　では、「開かれた発問」とはどういうものなのであろうか。

　前述したが、低学年の読み物教材に「およげない　りすさん」という話がある。かめさんたち３びきが島に遊びに行く時、泳げないりすさんは連れて行ってもらえずに悲しい思いをしてしまう。一方、かめさんたちは、りすさん抜きで島に行ったものの、ちっとも楽しくない。そこで相談の上、かめさんの背中にりすさんを乗せて島に連れて行き、一緒に楽しく遊ぶという内容である。内容項目は、「友情、信頼」。

　では、「発問を考えましょう。あなただったらどのような発問をしますか。次の中から選んでください。」と言われたら、みなさんはどれをお選びになるだろうか。

① かめさんの背中に乗せてもらって島へ行った時のりすさんの気持ちはどんなだった？

② かめさんたち３びきは、りすさん抜きで遊んでいた時、なぜちっとも面白くなかったのでしょうか？

③ 気の合う友だち同士で遊ぶことはよくないことでしょうか？　りすさんのような、自分たちとは遊び方が違う友だちと一緒に遊ぶことの良さは何でしょう？

39

④ かめさんたち３びきで遊ぶ時と、りすさんを入れた４ひきで遊ぶ時との違いはなんでしょう？

①は従来の形である。補助発問次第で、そこから広げていくことも可能だが、このままでは、子どもたちの思考はどんどん閉じていってしまう。

「うれしかったと思う。」「自分も友だちに優しくしようと思ったと思う。」「ひとりぼっちの友だちがいたら、声をかけてあげたい。」……こんな感じではないだろうか。

②は「なぜ」を問うスタイルである。「なぜ」を聞くことで、その行為・行動をとるに至った経緯を認識することができる。

「だって、りすさんの悲しそうな顔が目に浮かんだから。」「かわいそうだと思ったから。」「友だちにはもっと優しくしなければと思ったから。」等々。ただ、もう一息、突っ込みが必要。なぜなら、「かわいそうだからしてあげる－してもらう」という友だち関係はちょっと不公平であるだろうから。

③はズバリ、友だちの良さについて、読み物教材を通して考えさせる発問である。このように聞かれれば、この読み物教材で絵が描かれている友だちの良さを考えずにはいられないだろう。

④は③の問いを子どもたちレベルに具体的におろした発問である。聞きたいことは③と同じなのだが、このように聞いた方が考えやすいかもしれない。

子どもたちは、きっとこのようなことを言い始めるであろう。

「４ひきで遊ぶ方が、きっと相手のことを考えていろいろな遊び方を思いつくと思うよ。」「きっとこの後、４ひきはもっと相手のことが分かってきて、もっともっと仲よしになると思うな。」「こういう友だちと一緒に遊びたいな。」「一緒にいて安心できる。」

いかがだろうか。

みなさんだったら、子どもたちに、①～④のどの発問を投げかけてみたいと思われるだろうか。明日子どもたちに聞いてみたくてワクワクしてくるような発問が生まれたら、その授業はきっと楽しいものになるだろう。

同じ読み物教材でも、発問を変えるだけで、その後の展開は大きく変わる。是非お試しあれ。

【まとめ】

　授業を変えたければ発問を変えよう。

　子どもの嗅覚・センスを信じて、「何が良いのか。」「それはなぜか。」を聞こう。

3 主発問のつくりかた

筑波大学附属小学校道徳部 OB である新宮弘識先生が、発問について「機関銃を連発するより、大砲を一発撃て」というような喩え話をされたことがある。いわゆる補助発問と中心発問の違いとも受け取られるが、それだけではない。中心発問の質が問題なのである。

前項で述べた、「開かれた発問」「子どもたちに聞きたくて楽しみになる発問」はもちろんそうなのだが、更に言うなら「本質に向かって開かれた発問」でなければならない。

教材には登場人物の行為・行動やそれに伴う心理描写が描かれるが、そのあらすじや内容把握をサポートするための発問は全て補助発問である。たとえその発問が一番のクライマックス場面に関するものだろうが関係ない。補助発問は補助発問である。

中心発問と呼ばれるものは、教材の部分を取り上げて扱えるものではなく、ストーリー全体を通して流れている、直接的には書かれていない、行為・行動を支える本となる心の動きを問うものである。それを問うことによって、自ずとあらすじの解釈が進んだり、登場人物の心理が解き明かされたりするのである。そしてそれだけではなく、教材の話を語りながら、自然に自分自身を重ね、人ごとでない意見・感想が飛び交うようになる。

そのような、行為・行動の大本を探るような発問のことを、「大砲」「主発問」と呼ぶのである。具体的には、「なぜそのような行為・行動をとったのか。」「そのような行為・行動を起こす本となったものは何だろう。」「あなただったらどの行為をとった人物を評価するか。」「もし、登場人物が違う行為・行動をとったらどうだったろうか。」などというような、単に行為・行動の善し悪しを表面的に捉えるのとは質的に異なる発問形態がとられるであろう。

一つ簡単な主発問の作り方を紹介しよう。

ズバリ、

登場人物の意識の変容の質を問う。

登場人物AがBに変わるはずはない。別人になれるわけがないからである。AがA'になることはあり得るし、考えやすい。その質的な変容を、他律的・懲罰的な観点から、自律的・自立的な観点にシフトさせるのである。例えば、初めはいやいや、なんとなく行っていた登場人物Aが、何かのきっかけで自ら求め、考え、A'に変わった。「Aを変えたものは何なのか。」「AとA'は何が違うのか。」「A'のよさは何か。」「もしA'が頑張ったのにうまくいかなかったことがあったとしたら、それは無意味なのか。」等を聞くのである。

もっと詳しくお知りになりたい方は、第Ⅲ章の実践編をご覧いただきたい。

4 よい教材の見つけ方、読み物資料の読み方

「どうすれば、よい教材とそうでないものを見分けることができますか。そのポイントを教えてください。」というような質問を受けることが結構ある。そういう時は、よい教材の条件として次の3つを挙げることにしている。

① 登場人物の変容が描かれている。
② よりよい世界が展望できる。
③ 子どもたちが比較したり発見したりできる仕掛けが隠されている。

深く考えさせる「一期一会」の授業を創るためには、登場人物がよいことをしたり、失敗したりして、「これからはこうしよう」などと思わせる（言わせる）だけでは足りない。

教材の中に、登場人物の質的なよりよい方向への変容が描かれていれば、「どうしてそのように変わることができたのか。」という観点での発問、話し合いが可能となる。その場合、登場人物の変容は、「自らの気づきの中から」為されることが重要である。どんなに態度や言動がよい方向に変わっても、それが人から強制されたものであったり、外付けのものであったりしたら、意味（価値）が薄くなってしまう。

「登場人物は、何を見つけ、何に心を動かされ、自らの言動をよりよく変えることができたか。その秘密を見つけよう。」というような問いかけが可能となるようなストーリーがあれば、自ずと展開も決まってくる。

逆に言うと、そのような内容が描かれている教材であったら、子どもたちと一緒にそれらを見つけ、意味づけしていくという展開が見えてくるということである。

それらを子どもたち自身が見つけるようにするためには、まず教師が見つけられなければならない。そのための、教材資料を読む観点は、次の3つである。

① 表面的な行為・行動のもととなる、（書かれていない）ものを見つける意識で読む。
② 価値のよさではなく、人間としてのよさを見つける観点で読む。
③ 人ごとではなく、「自分だったら」という視点をもちながら読む。

このような、「読み」ができることが重要であり、それは国語の「読み」とは異なるものである。この読みができるようになると、道徳の読み物教材でなくても、日常生活の中から普段は気づかなかったことに気づくことができるようになり、問題意識をもって物事にあたることができるようになる。当然のことながら、学びの幅が広がり、豊かな生活を送ることが可能となる。

〈加藤 宣行〉

第III章

実際の授業の展開

| 第１学年
及び
第２学年 | 第３学年
及び
第４学年 | 第５学年
及び
第６学年 |

教材名

かぼちゃの つる

出典：ゆたかなこころ（光文書院）

A　主として自分自身に関すること

(3)［節度、節制］健康や安全に気を付け、物や金銭を大切にし、身の回りを整え、わがままをしないで、規則正しい生活をすること。

1　内容項目について

　節度を守るという内容項目は、「思いやりをもとう」とか「命を大切にしよう」などという内容項目と同じ土俵に立っていない気がするが、どうだろうか。道徳的な価値項目というより、どちらかというと、しつけとか基本的な確認事項として捉えられがちではなかろうか。当然のことながら、その内容項目のもつよさや意味を吟味するというより、「それが当たり前だから」的な指導がより強く出ているようである。道徳の内容項目の全てがそのような色彩をもっていることは否定できないが、その中でも色濃く感じられる。

　しかし、よく考えてみると、この内容項目の中にも、それをきちんと行うことによって得られるよい世界がたくさんあることに気づく。例えば、「度を超さない」ということ。これは「腹八分目」と言われるように、何事も適切な量や長さがあるわけだから、必要以上に取らないように我慢しましょうというイメージで語られがちである。この場合、「我慢」は必要悪みたいなものである。「後々のことを考えて、仕方なしに我慢しましょう」というように。しかし、視点を広げると、一つのことを「我慢」することによって、他のことをする時間や場所が確保されるわけである。例えば、Aを少し我慢してBを行う時間を確保する。すると、Aだけをだらだらと行うだけの場合よりもBを意識してAを行うから、Aも見通しをもって行い集中できるし、その後に行うBも気分転換を図ることができるから効率的になる。つまり、A 100 よりもA 50・B 50 の方が質的な高まりが見られ、短期的なスパンではA 100 の方が一見効果があるように思われて、長いスパンで見るとA 50・B 50 を繰り返した方が、よりよい結果が得られそうである。

　このようなことを、具体的な教材を通して、子どもたちと共に考えることが、道徳授業の本質であろう。

2　読み物教材について

　おなじみの、「それみたことか」的教材である。わがまま勝手に振る舞ったかぼちゃは、最後にはしっぺ返しを食らう。そうならないためにどうするかというような展開は前向きな道徳ではない。これからは、この教材を前向きに生かす展開が求められる。

第Ⅲ章　実際の授業の展開

3　「一期一会の発問」

発問　かぼちゃとすいかの生活の仕方の違いについて考えよう。

問い返し例　つるを切られなければ、かぼちゃのようにのびのび生活した方がよいのではないかな？

4　70% 授業シナリオ（残りの30%は先生と子どもたちで色づけしてください）

①【ゴールイメージ】
　好き勝手につるを伸ばすかぼちゃと、自らをコントロールしてつるを伸ばすすいかとの違いを考えることで、「がまんするよさ」を実感させる。

②「のびのびすると　　　　　　　」を聞く（書かせる）。

③ かぼちゃののびのびと、すいかののびのびについて考えさせる。

【知的理解】
○ かぼちゃとすいかのつるの伸ばし方の特徴やよさ、違いを考える。
○ 好き勝手にどんどん伸ばしていったらどうなるかを考える。
○ 図で描いて考える。

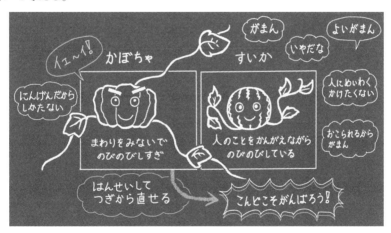

【知＋情的理解】
○ 問い返しを行う。
　・かぼちゃはつるを好きなように伸ばしていて、すいかより楽しそうだよ。
　・つるを切られなかったらかぼちゃの方がいいですか。
　・すいかのつるの伸ばし方のよいところはどこですか。
　・すいかのようなのびのびの仕方をしたら、どんなよいことがありますか。

【意欲的高揚】

④「よい（すいかのような）のびのびをすると　　　　　　　」を聞く（書かせる）。

⑤ 子どもたちの発言のよかったところを前向きに評価・意味づけする。

5　授業の実際

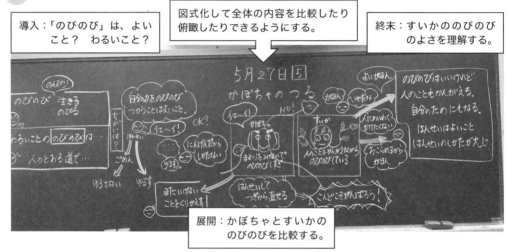

導入：「のびのび」は、よいこと？　わるいこと？

図式化して全体の内容を比較したり俯瞰したりできるようにする。

終末：すいかののびのびのよさを理解する。

展開：かぼちゃとすいかののびのびを比較する。

① テーマに向かった流れ

「かぼちゃとすいかののびのびの違いは何だろう」
  ・かぼちゃは周りを見ていないけど、すいかは人のことを考えている。
「すいかは我慢しているってことですか？」
  ・よい我慢だからつらくない、自分のためにもなる。

② 予想していなかった授業中のできごと

T：では、かぼちゃとすいか、どっちが好きですか？
C：すいかもいいけど、かぼちゃもいいよ。
T：え!?　好き勝手しているかぼちゃがいいの〜??

 ONE POINT

普通はすいかの行いが「答え」であり、自分の生活とは裏腹に、すいかがよいと発言するでしょう。しかし、自分にも同じようなことがあったから、かぼちゃの気持ちも分かるし、反省しているからと、教師の思惑を超えて発言する姿に、「やられた！」と思いました。

人間のよさからものごとを語る

　私たち大人は、どうしても一般的な価値観、いわゆる道徳的であるけれど外付け価値基準で物事を判断しがちである。しかし、子どもたちはそうではない。人のよさを信じ

切っており、そこから判断するということである。それがこの授業でいう、「かぼちゃもいいよ」発言である。

③ この一点の発問と教師が思わず唸った子どもの言葉

子どもたちは、自分の体験も踏まえ、よくなりたいと思うことがよいと言っているのである。これには私も学ばされた。確かに道徳は、「よいと思ってもできないからこそ、学ぶ」のである。「できなくてもよい、よい方向に向かって頑張ろうと思えればよい。」これは私もよく口にすることであったが、この授業中はすっかり忘れていて、一般的な答え、すなわち「かぼちゃよりすいかの自己コントロールがよい」というゴールに頭がシフトしてしまっていた。けれど、子どもたちは柔軟な発想で、「すいかもいいけどかぼちゃもいい。」と言っているのである。いやはや、またまた子どもたちに教えられてしまった。

そこで本時の落ちは、次のようにした。

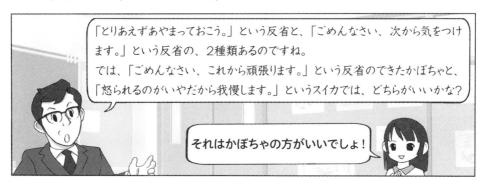

④ 本時のまとめ

このようなやりとりのあと、今日のまとめを言ってご覧なさいと投げかけたところ、子どもたちは、「のびのびはいいけれど、人のことも考える方が自分のためにもなる。反省はよいことだけど、反省の仕方が大事。」とまとめた。

〈加藤　宣行〉

| 第1学年 及び 第2学年 | 第3学年 及び 第4学年 | 第5学年 及び 第6学年 |

教材名

モムンと ヘーテ

出典：ゆたかなこころ（光文書院）

B　主として人との関わりに関すること
　(9)［友情、信頼］友達と仲よくし、助け合うこと。

関連項目
　［親切、思いやり］身近にいる人に温かい心で接し、親切にすること。

1　内容項目について

　子どもたちの多くは「友だちともっと仲よくしたい」「もっと友だちがほしい」という思いをもっている。しかし、友だちでも、時にはけんかをしたり、思いや考え方の違いを受け止めきれなかったりする。では、けんかをしない友だちや、思いや考えが食い違わない友だちがよい友だちなのだろうか。答えは NO である。多くの子どもたちは、そのような出来事が起こることで自分を振り返って改善点を自覚し、相手の思いや考えに寄り添い、友だち関係を修復しようとする。それらを乗り越えた時、より友だち関係が深まっていく。このような、友だちを思い、仲よくしようとする心が人にはあることに気づかせ、その心をもとに自分もよりよい友だち関係をつくろうという思いをもつことが、本時の目的である。

2　読み物教材について

　あらすじをなぞれば「森の小人のモムンは小人のヘーテにいじわるをされたが、大雨が降って困ったモムンを気遣う言葉をかけたヘーテを許し、一緒に逃げようと決める」という話である。授業の落としどころとしては「困っている友だちを見つけたら仲よくしましょう。」「友だちにいじわるされても仕返すのではなく、あたたかい心で接しましょう。」というものが多いと考えられる。しかし、これだけでは実生活に生かす学びにはなりにくい。いい友だちとはどのような友だちかをより深く考えるためには、手立てとして「最初と最後のモムンとヘーテの友だち関係の変化に気づかせる。」というゴールイメージが必要となる。

3　「一期一会の発問」

発　問　最初と最後のモムンとヘーテの関係の違いは何だろう。

問い返し例　モムンとヘーテは、この後どのような友だちになれそうかな。

---

4 70% 授業シナリオ（残りの30%は先生と子どもたちで色づけしてください）

> ①【ゴールイメージ】
> 　最初と最後のモムンとヘーテの友だち関係を比較させ、モムンとヘーテはどのような友だちかを問うことにより、いい友だちとはどのような友だちかを明らかにする。

② いい友だちとはどのような友だちかを聞く（書かせる）。

③ モムンとヘーテの最初と最後の友だち関係の変化を考えさせる。

【知的理解】
○ 最初と最後の友だち関係を比べ、どちらがよりよい友だち関係か考えさせる。
○ 友だち関係の変化を曲線で表す（厳密に言うと４つの場面ごとの変化があるので、その４つを取り上げて較べさせてもよい）。
○ それぞれのモムンとヘーテの関係を図で表して考えさせる。

○ 問い返しを行う。
　・友だちレベルが一番高いのはどこですか。
　・一緒に楽しそうにしているのは１の場面ですよね。ということは１が一番？
　・モムンはヘーテのためにいろいろしているけれど、ヘーテは何もしていませんよ。何もしていなくてもいい友だちと言えるのですか。
　・この後モムンとヘーテはどのような友だちになると思いますか。
　・そんなモムンとヘーテだったら、この後どんなことができそうですか。

【意欲的高揚】
④ いい友だちとはどのような友だちかを聞く（書かせる）。

⑤ そういう友だちだったら、どんなことができそうかを考えさせる。

⑥ 子どもたちの発言のよかったところを前向きに評価・意味づけする。

5 授業の実際

① テーマに向かった流れ

② 予想していなかった授業中のできごと

「2人はこの後どうなる？」と発問し、クラスの友達が「もっとニコニコになるよ。」と発言したことを受けて、「先生、このお話のタイトル変えよう。『なかよしの2人の小人』にしよう。」と言ってきたのである。周りの友達は驚いていたが、すぐに賛成の声が挙がった。

 ONE POINT　「この話の題名を変えよう」

　　この類の発言は、子どもたちが乗ってきた証拠ですね。学びが自分たちのものとなり、自ら考えたい、提案して変えていきたいという意欲の表れとして評価したいものです。

　　この授業は、校内で行った飛び込み授業である。普段からなかなか授業に集中できないと聞いていたSくんが、授業中盤からどんどん手を挙げるようになった。その中で出てきたのが「タイトル変えよう。」という発言である。その言葉を受けて、私は黒板に書かれた「モムンとヘーテ」というタイトルを「なかよしの2人の小人」と書き直した。タイトルが変わった黒板を見て、Sくんも周りの友達も、終始笑顔であった。

③ この一点の発問と教師が思わず唸った子どもの言葉

④ 板書解説

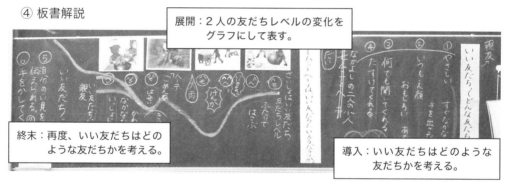

⑤ 事後活動・発展

　この授業で特筆すべきは、上記のＳくんを通して変容した子どもたちの意識である。最初、子どもたちの「いい友だち」のイメージは「すぐに仲直りできる」「何でも聞いてくれる」であった。教材を読んだ後は「２人は最初からいい友だちで、けんかをしたら仲直りした（元に戻った）。」という意見が多かった。しかし、Ｓくんは最初から「友だちレベルは上がっている」と主張し、他の子どもたちは葛藤の後に「確かに、レベルが上がっている」と意見を変えていった。そして、最後の「いい友だち」のイメージは「自分の意見をきちんと伝えられる。」「ついていてくれる（そばで寄り添ってくれる）のがいい友だち。」と変容した。子どもたち自身が、Ｓくんのことを「いい友だちだなあ。」と感じられた証拠といえるのではないだろうか。

〈岡田　千穂〉

第1学年 及び 第2学年	第3学年 及び 第4学年	第5学年 及び 第6学年

教材名

およげない りすさん

出典：わたしたちの道徳

B　主として人との関わりに関すること

(9) ［友情、信頼］　友達と仲よくし、助け合うこと。

関連項目

［公正、公平、社会正義］自分の好き嫌いにとらわれないで接すること。

1　内容項目について

　一般的な内容項目は、「友情、信頼」である。しかし、友情にもいろいろな形があり、一概に「これでよし」と言えるものはない。気の合う仲間で楽しく遊ぶのも友だちのよさだし、普段は自分たちと行動を共にしないクラスメイトに声をかけて、互いに気を遣いながら活動をすることができるのも友だちのよさである。どちらがよいかとか、どうしたらよいかという話ではない。同質グループのよさを認めながらも、異質グループのもつ力やよさに気づかせたり、同じグループ活動でもより質の高い活動ができるようになるための心構えを考えさせたりすることが本時の目的である。また、そのような高次の気づきを促すためには、「公正、公平、社会正義」だとか、低学年にはないが「相互理解、寛容」などの内容にも触れる必要がある。周辺項目として、意識しておく必要があろう。

2　読み物教材について

　本教材は、表面的に読めば「ひとりぼっちで寂しい思いをしているりすを、友だちが優しく声をかけて仲よしになることができ、みんながうれしい気持ちになった。」という話である。そこから受け取るメッセージは「困っていたり、寂しい思いをしたりしている友だちがいたら、やさしく声をかけて仲間に入れてあげよう。」「仲間はずれをしたり、いじめたりしないで仲よく生活しよう。」ということになろう。そこから「見えないものを見せる」手立てをとるためには、「あとのりすさんとかめさんたちの友だち関係のよさに気づかせる。」というゴールイメージが必要となる。それに基づいた、ねらいの設定、板書案が自ずと生まれてくる。

3　「一期一会の発問」

発　問　はじめとあとの友だち関係の違いと、特徴（特長）を比べて考えよう。

問い返し例　あとのリスさんたちのグループだったら、どんなことができるかな？

---

4 70% 授業シナリオ（残りの30%は先生と子どもたちで色づけしてください）

> ①【ゴールイメージ】
>   比較させる発問に基づく友だち同士の意見交流を促し、子どもたちの発言を問い返すことによって友だちのよさを多面的・多角的に検討し、拡充させる。

②「友だちだから _____ 」を聞く（書かせる）。

③ 泳げないりすさんたちの、あとの友だち関係のよさについて考えさせる。

【知的理解】

○ はじめの関係とあとの関係の特徴やよさ、違いを考える。

○ 最初と最後で3人のりすさんに対する考え方はどう変わりましたか。

○ 図で描いて考えさせる。

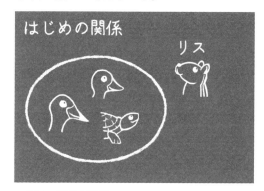 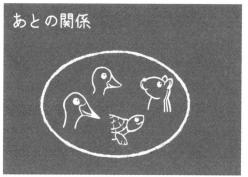

【知＋情的理解】

○ 問い返しを行う。

　・本当は3人はりすさんに合わせて我慢しているだけでは？

　・りすさんも（泳げないのだから）怖い（楽しくない）のでは？

　・どっちの3人と友だちになりたいですか？　それはなぜ？

　・そういう友だちだったら、これからどんなことができそうですか？

【意欲的高揚】

④ 再度、「友だちだから _____ 」を聞く（書かせる）。

⑤ 子どもたちの発言のよかったところを前向きに評価・意味づけする。

5 授業の実際

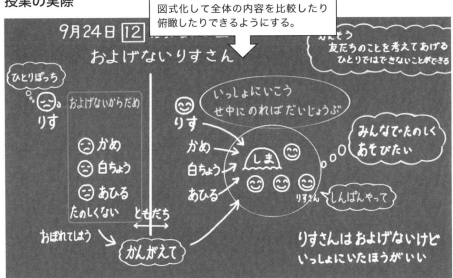

① テーマに向かった流れ

「はじめのりすさんたちと、あとのりすさんたちの違いは何だろう。」
・はじめのかめさんたちはりすさんのことを考えていないけど、あとの方は考えている。
「なるほど、では、あとの方のりすさんたちの友だち関係のよいところを見つけてみようか」

② 予想していなかった授業中のできごと

このような流れで話し合いを進めようとしたところ、子どもたちの方から「**両方ともりすさんのことを違う人として見ているよ。**」という発言が出た。これは予想していなかった。一瞬どういうことかと思ったが、なるほどと思った。

 ONE POINT
いじめ問題に直結！

子どもの発言から、みんなちがうからこそ、それを認め合うことが大切というメッセージを受け止め、意味づけすることができます。

「友だちを違う人として見る。」この見方にはプラス面とマイナス面の両面あって、マイナス面は他者を排除するいじめの思考である。けれど、プラス面もあるのである。それを見つけることができたら、この授業は成功であろう。違うからこそのよさに気づく、これが多面的・多角的な思考であり、一番の**いじめ問題対策**ではなかろうか。

③ この一点の発問と教師が思わず唸った子どもの言葉

④ 板書解説

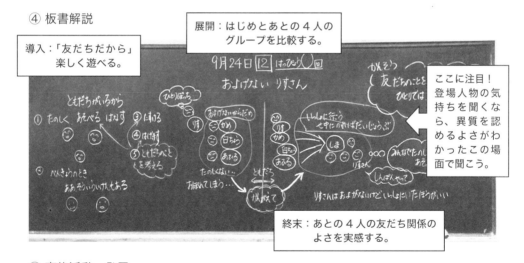

⑤ 事後活動・発展

　子どもたちは本時の授業で「きびしく、やさしく、いっしょにいる」というキーワードを見つけ出した。それをもとに、Yさんが、「先生、この間Aくんがふざけて友だちにぶつかったの。そういう時って優しく許してあげるのがいいのかな、厳しく注意するのがいいのかな。」と相談してきた。このように、日常の1コマを見逃さず、考えようとする目を育てることで、実践力につながっていく。また、このような問題意識こそが、問題解決型の学習のスタートではなかろうか。

〈加藤　宣行〉

| 第1学年 及び 第2学年 | 第3学年 及び 第4学年 | 第5学年 及び 第6学年 |

教材名

黄色い ベンチ

出典：わたしたちの道徳

C　主として集団や社会との関わりに関すること

⑽［規則の尊重］約束やきまりを守り、みんなが使う物を大切にすること。

関連項目

［節度、節制］健康や安全に気を付け、物や金銭を大切にし、身の回りを整え、わがまま
をしないで、規則正しい生活をすること。

1　内容項目について

　「きまりをどうするか。」と問えば10人中10人が「守るべき」と答えるであろう。「守り
たい」とか「守った方がよい」とは答えない。それが前提である。日本のことを「法治国
家」と呼ぶ人がいるが、法の下に国民を守り、統治する国であれば、法を守るのは当然のこ
とである。問題は、法が最上位の概念であるかどうかという認識である。

　結論から言えば、法が最上位ではない。もし法が最上位ならば、「法を破ると罰せられる
から守る」ことになってしまう。人の世界には、「法で定められていなくても守る」という
世界が必ずあるはずである。法でないのに何で守るのか、「そもそもないものを守る」とい
うのはおかしい。尊重するのである。

　「規則の尊重」とは、「規則のもとにある、法にしなくてもみんなで確認した約束事項を尊
重する。」という意味であろう。

2　読み物教材について

　たかしとてつおは紙ひこうきを飛ばすことに夢中になり、公園のブランコやベンチに土足
で乗ってしまう。後から来た女の子の服が汚れてしまい、いっしょに来たおばあさんが困っ
た顔をしている。それを見た2人は、「『はっ』と」して顔を見合わせた。

　使用頻度の高い教材であるが、だからこそ、「使用方法」も一般化・固定化してきていな
いだろうか。最終的に主人公たちが反省して終わるという「オチ」は、ともすると「やっぱ
りね。」「こういうふうにならないように気を付けましょう。」「自分たちはどうかな。」とい
う論点で授業が進められかねない。これでは本教材を十二分に生かした展開にはならないで
あろう。

3　「一期一会の発問」

| 発　　問 | なぜ2人は「はっ」としたのでしょう？ |

| 問い返し例 | きまりを守っていないことが分かっていたからかな？ |

第Ⅲ章　実際の授業の展開

4　70% 授業シナリオ（残りの 30% は先生と子どもたちで色づけしてください）

> ①【ゴールイメージ】
> 　「はっ」とした２人の心のよさと、きまりを守ることの必要性のすりあわせを図ることで、規則を尊重する価値観を他律的なものから自律的なものへ変容させる。

②「きまりを守るわけ　　　　　　」を聞く（書かせる）。

③２人のきまりを守る意識がどのように変わっていったかについて考えさせる。

【知的理解】

○「はっ」とする前と後の２人の意識の変容を考える。

○ 最初と最後で２人のきまりに対する考え方はどう変わりましたか。

○ 図で描いて考えさせる。

【知＋情的理解】

○ 問い返しを行う。

・ベンチに土足で乗ってはいけないとはどこにも書いていないから、守らなくてもよいのではないかな。

・女の子とおばあさんに迷惑をかけなかったら「はっ」としなかったかな。

・「はっ」とした２人のよさはなんでしょう。

・そういうきまりの守り方ができる人たちだったら、どんな集団（クラス・社会）をつくることができるかな。

【意欲的高揚】

④「きまりを守るわけ　　　　　　」を聞く（書かせる）。

⑤ 子どもたちの発言のよかったところを前向きに評価・意味づけする。

5 授業の実際

① テーマに向かった流れ

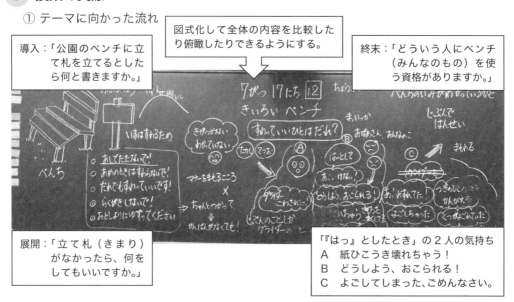

導入:「公園のベンチに立て札を立てるとしたら何と書きますか。」

図式化して全体の内容を比較したり俯瞰したりできるようにする。

終末:「どういう人にベンチ(みんなのもの)を使う資格がありますか。」

展開:「立て札(きまり)がなかったら、何をしてもいいですか。」

「『はっ』としたとき」の2人の気持ち
A　紙ひこうき壊れちゃう!
B　どうしよう、おこられる!
C　よごしてしまった、ごめんなさい。

② 予想していなかった授業中のできごと

「AとBとCの違いは何ですか。」
- Aは自分のことしか考えていない。
- ああ〜なるほど。(多くの子どもたちがこの発言に同意する。この瞬間に友だちの気づきが全体に広がったのである)
- Bも自分のことしか考えていない。
- そうそう、Bは笑顔ではなく、怒られる・ごめんなさいって感じ。
- それに対してCは人のこと、みんなのことを考えている。

「なるほど、Cはみんなのために、自分で反省できているから、自分も笑顔なのですね。」
「ところで、『みんな』って誰のこと?」
- おばあさんや女の子や、公園を使う人全部。
- みんなのこともだけれど、自分のことも考えているよ。
- そうか、自分も入っているね。

「きまりを守るということは、自分も守ってくれる、気分よくできるということなのですね。」

比較することで、よりよい世界が見えてくる

　AやBの世界は、子どもたちに近い世界であるため想像しやすい。それに対してCの世界はどうしても外付けの言葉になってしまいがちである。比較させることでCの世界のよさを、自分の言葉で語ることができるようになる。

③ この一点の発問と教師が思わず唸った子どもの言葉

④ 授業後の考察

このように、手順を追って場面を追って行かなくても、子どもたちの発言をもとにしながら本質に向かって思考を深めさせることは可能である。むしろ、その方が、ストーリーを自然に把握しながら、じっくりと話し合いに時間をかけられるような気がする。

そして最後には、自分たちの生活に重ねて考え、実践化していくようになるのである。

〈加藤　宣行〉

第1学年 及び 第2学年	第3学年 及び 第4学年	第5学年 及び 第6学年

教材名

わきだした みず

出典：ゆたかなこころ（光文書院）

D　主として生命や自然、崇高なものとの関わりに関すること

⑰［生命の尊さ］生きることのすばらしさを知り、生命を大切にすること。

関連項目

［親切、思いやり］身近にいる人に温かい心で接し、親切にすること。

1　内容項目について

　命は大切であるということは、自他共に認める事実である。では、なぜ命が大切なのか、大切な理由を具体的に考えることが自他の生命を尊重する礎となる。いくつかの事実に分けて考えてみたい。

　① どの命も一つだけで、一度失われたら二度と命が戻らないという事実。

　② 命は永遠に続くものではなく、限りがあるという事実。

　③ 命がなくなると悲しむ人がいたり、命が誕生すると喜ぶ人がいたりするという事実。

　④ 自分の命は父母や祖父母、先祖代々から繋がっているという事実。

　⑤ 人体の不思議さ、命の不思議さを感じるという事実。

　⑥ 命があることでさらに自分を成長させることができたり、自分の成長を喜んだりすることができるという事実。

　③、④については、自分の命は自分だけのものではないと捉えることができる。これらの具体的な事実が分かれば分かるほど、命を大切にしてよりよく生きたいと願う心が高まると同時に、他者の命についても尊重したいと願う心も高まる。

2　読み物教材について

① 教材を「目に見える行為」と「行為を生む心」から読む

　魚たちの命が危ないと知ったかにが、自分にできることをして魚たちを助けたお話である。まずは、かにの目に見える行為について考えてみよう。

　① 池の水が少なくなり、魚たちが苦しんでいる姿を目にする。

　② 池にもぐり、大きなはさみでいずみの方へ向かってせっせと穴を掘り出す。

　③ 大きい石にぶつかっても石を避けて掘り続ける。

　④ 夜も昼も休みなしに掘り続ける。

　⑤ 疲れて重くなった体を動かしながら、残った力を出して掘り続ける。

　⑥ いずみまで掘り通し、水が池まで流れ出す。

　⑦ 魚たちの命が助かり、自分も喜ぶ。

　これらの行為を生んだ心は何か。それは、魚たちの命が危ないと分かると、助けずにはいられない心である。その心が自分にできることをするという行為となって表れたのである。

第Ⅲ章　実際の授業の展開

さらに、天気が続いたことにより、水がだんだん少なくなっている状況や、魚たちが苦しんでいるのを見て、命が失われるかもしれないということが分かれば分かるほど、助けずにはいられない心がさらに大きくなり、命を助けるという目標に向かって疲れていても休まずに穴を掘り通したと考える。水が流れ出てかにが喜ぶ姿は、命を助けることができたという喜びや、魚たちが喜んでいる姿が自分にとっての喜び、善いことをすると気持ちがよいという喜びを感じている表れだと考える。

② この授業を成功させるポイント!!

【ねらい】　※道徳的価値の理解
　命を助けようと努力する姿は、命が危ないと分かると、助けずにはいられない心から生まれていることが分かる。

　　　ねらいを達成させるには……。　　　　　　かにの心が浮き彫りになる。

【ポイント!!】
① 導入で子どもたちが考えている命が大切な理由をたくさんあげさせる。
② 展開前段で、命が危ないという状況と魚たちが苦しんでいる姿、命がなくなると悲しむ人がたくさんいるという事実を具体的に理解させる。

① 導入での発問例
・命が大切な理由をどれだけ言えるか。

② 展開前段での発問例
・（挿絵を見せて）魚さんたちは何と叫んでいるだろう。
・天気が続くとどうなるかな。
・魚さんたちが死んでしまうと悲しむのは誰かな。

3　「一期一会の発問」

発問　かにさんが休みなく穴を掘り続けることができたのはなぜだろう。
問い返し例　かにさんは、疲れていたのだから本当は休みたかったのでは？

4 70% 授業シナリオ（残りの 30% は先生と子どもたちで色づけしてください）

> ①【ゴールイメージ】
> 命の大切さについて子どもたちの既存の考えと、教材における挿絵を利用した問い、かにの行為を生む心への問いをもとにして、質的にも量的にも具体的に理解させる。

② 命が大切なのはなぜか聞く。
〇 子どもたちの既存の考えをたくさん発表させ、板書する。
　・「それだけかなぁ。」、「もっとありそうだけど。」など、考えたいと思う言葉かけを！

【知＋情的理解】
③ 魚たちの命が危ないという状況や、魚たちが苦しんでいる姿を明らかにする。
〇 魚たちが死ぬと悲しむ人の名前や悲しんでいる顔を黒板にたくさん書かせる。

【知＋情的理解】
④ 主発問、問い返しをもとに、かにの行為を生んだ心を明らかにする。
　・かにさんが休みなく穴を掘り続けることができたのはなぜだろう。
　・かにさんは、疲れていたのだから本当は休みたかったのでは？
　・かにさんは、我慢強かったから穴を掘り続けたのかな？
　・かにさんは、自分の命のことは考えなかったのかな？
〇 かにが休んだ場合と掘り続けた場合を比較して考えさせる。

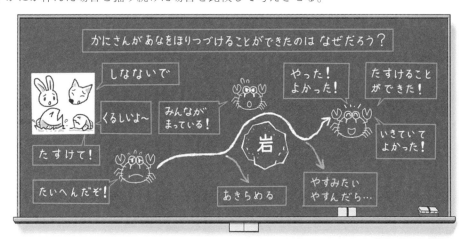

【意欲的高揚】
⑤ みなさんの周りにも、かにさんのように命を守り、支えてくれている人はいませんか。

⑥ 子どもたちの発言のよかったところを前向きに評価・意味づけする。

第Ⅲ章　実際の授業の展開

5　授業の実際

① テーマに向かった流れ

「かにさんが休みなく穴を掘り続けることができたのはなぜだろう。」
- これ以上天気がよいと水がなくなって、魚さんたちが死んでしまう。
- 魚さんたちが死んでしまうと、自分もみんなも悲しむ。
- 休みたい気持ちよりも、がんばって命を助けたい気持ちの方が強かった。

② 予想していなかった授業中のできごと

終盤で「かにさんが魚さんたちの命を助けたことで、魚さんたちの家族も喜んでいるし、お礼したいと思う。」という発言が出た。資料に描かれていない登場人物や、その後の温かな交流までも予想した発言であり、なるほどと思った。

ONE POINT　いじめ問題に直結！

命がなくなると悲しむ人がいることが分かれば分かるほど、自分だけでなく、他の人の命も大切だと意味づけることができます。

③ 教師が思わず唸った子どもの言葉

ONE POINT

命があることのありがたさと意味を、子どもなりの言葉で表現することができているところが素晴らしいですね。
「支えあう命」がキーワードとなっています。

④ 板書解説

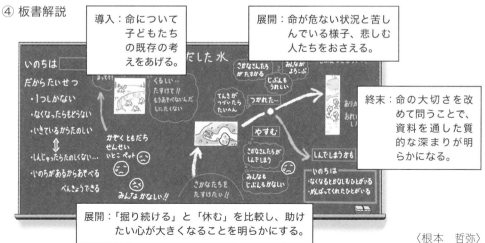

導入：命について子どもたちの既存の考えをあげる。

展開：命が危ない状況と苦しんでいる様子、悲しむ人たちをおさえる。

終末：命の大切さを改めて問うことで、資料を通した質的な深まりが明らかになる。

展開：「掘り続ける」と「休む」を比較し、助けたい心が大きくなることを明らかにする。

〈根本　哲弥〉

| 第1学年
及び
第2学年 | 第3学年
及び
第4学年 | 第5学年
及び
第6学年 |

教材名

金色の魚

出典：3年生のどうとく（文溪堂）

A　主として自分自身に関すること
　(3)［節度、節制］自分でできることは自分でやり、安全に気を付け、よく考えて行動し、
　　節度のある生活をすること。
関連項目
　［希望と勇気、努力と強い意志］自分でやろうと決めた目標に向かって、強い意志をもち、
　　粘り強くやり抜くこと。

1　内容項目について

　「わがままを言わない」という言葉のもつ意味について考えてみたい。なぜわがままを言ってはいけないのであろうか。もしわがままを言ってばかりだとしたら、みんなに迷惑がかかる、結果的に自分にとってもよいことがない、など、マイナス面の理由づけが数多く思い浮かぶことであろう。つまり、「～するとよくないことが起きるから、（そうならないように）○○しましょう」の世界である。この世界を道徳の授業で扱うと、とたんに暗くなる。できない自分を自認し、これから気を付けましょうという、反省タイムになってしまうのである。もちろん、反省は大切であるが、それは自分自身のよき心の促しによって反省する時であり、人から無理やり反省させられるのは道徳ではなく、生活指導、しつけの世界である。道徳として扱うならば、「わがままを言わない」世界のよさを考えさせたいものである。

2　読み物教材について

　この教材には、表面上はおばあさんの欲求がどんどんエスカレートして、最後はがっかりしてしまうという、マイナス面が描かれている。しかもその欲求は自己中心的なものであり、「わがまま」である。しかし、自他ともによくありたいと願い、それに向かって思いを叶えようとする人のことをわがままとは言わない。その違いを知的に理解できれば、自分のどのような思いにはブレーキをかけ、逆にどのような思いにはアクセルを踏むかが見えてくる。それが分かれば、自ずと自らをコントロールできるようになる。発問の工夫を行うことにより、本教材を通して、そのようなことが考えられるであろう。

3　「一期一会の発問」

> **発　　問**　「お願いを叶えようとすること」と「わがままを言うこと」の違いはなんでしょうか？

> **問い返し例**　「願い」には種類がありそうですよ？

第Ⅲ章　実際の授業の展開

4　70% 授業シナリオ（残りの 30% は先生と子どもたちで色づけしてください）

> ①【ゴールイメージ】
> 　わがままを言って願いを叶えようとする世界と自分で努力して願いを叶えようとする世界を比較させる発問に基づく友だち同士の意見交流を促し、子どもたちの発言を問い返すことによって節度ある行動の大切さについて理解させる。

②「お願いをすること」と「わがままを言うこと」の違いについて考える。

③ おばあさんの行動から「お願いをすること」と「わがままを言うこと」の境界線について考えさせる。

④ 努力して叶えようとする世界とわがままを言って叶えようとする世界の違いについて考えさせる。

【知的理解】
○ おばあさんのどんなところが「わがまま」な部分なのかを考える。
○ 願いを叶えるために大事なことは何か考える。
○ 図で描いて考えさせる。
【知＋情的理解】

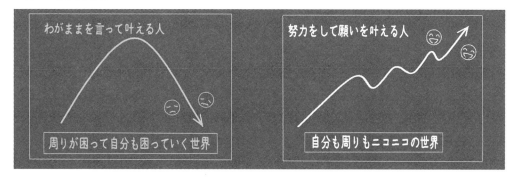

○ 問い返しを行う。
　・おばあさんはたくさんお願い事が叶うから幸せだったのではないですか？
　・「努力して叶える世界」と「全て誰かに叶えてもらう世界」どっちの世界に行きたいですか？　それはなぜ？
　・どのような心にブレーキをかけるといいのかな。
　・そういう世界だったら、どんな自分になれそうですか？

【意欲的高揚】
⑤ わがままを言わないで、自分で努力して願いを叶えようとする世界だとどんな生活が送

れるか考える。

⑥ 子どもたちの発言のよかったところを前向きに評価・意味づけする。

5 授業の実際

① 主な流れ

> 「お願いを言うことと、わがままを言うことの境界線はどこでしょうか。」
> ・周りがどう思うかでわがままになってしまうと思います。おじいさんも金色の魚も困っています。
> 「でも、願いが叶うなら周りの人が困っても問題ないのではないですか？」
> ・自分だけ嬉しい世界より、周りも自分も嬉しい世界の方がいいと思います。
> 「その２つの世界について考えてみましょう。」

② 予想していなかった授業中のできごと

> 子どもたちはやはり「周りが困ったらわがままになる。」と答えた。
> しかし「どんな時でも周りには迷惑をかけてしまうものだよ。相手が困ることだけで考えたら全部わがままになってしまう。」という発言が出た。周りが困るか困らないかが一番の境目だと考えていた私は、この発言に驚いた。そこから「周りが困る」以外で、どうであると「わがまま」になるのかみんなで考えることができた。

 ONE POINT

子どもの発言に驚くって素敵ですね。普段「予想される児童の反応」に振り回されて、授業中に発言している子どもたちの生の声を聞き逃してしまうことがありませんか。子どもたちの発言にきちんと向き合った中村先生の姿勢も素敵です。

第Ⅲ章　実際の授業の展開

「一期一会の道徳授業」
　本時のように、子どもたちの発言から授業を組み立てていくのは容易なことではありません。予定（指導案）通りにいかないということですから、不安もあるでしょう。けれど、それらを乗り越えたとき、目の前の子どもたちとしかつくり得ない「一期一会の授業」が見えてくるのです。

③ 様子が伝わるエピソード

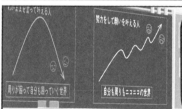

④ 事後活動・発展

　今年初めてこのクラスの担任になり、子どもたちに今までの道徳を聞くと、従来の登場人物の気持ちを聞いていく場面発問型やモラルジレンマしか経験がなかった。「金色の魚」は4年生になって初めての道徳の授業であり、もちろんこのようなやり方で行うも初めてであった。
　しかし、授業後、「頭をいっぱい使って楽しかった。」「次は道徳いつですか？」と言ってくる子がたくさんいた。「頭をいっぱい使う」というと、少し難しくて嫌な印象があるが、子どもたちはたくさん考えたことに達成感を感じているようだった。
　どちらかというと少し甘えん坊が多いクラスであり、本来なら自分でできることも友達や教師に甘えて頼む傾向があった。しかし、授業後、「友達を困らせちゃだめだ。」「自分でできることをやらないとわがままになってしまう。」という会話がよく聞こえてくるようになり、自分の生活を変えていこうとする態度が多く見られた。

〈中村　絵里〉

第1学年 及び 第2学年	第3学年 及び 第4学年	第5学年 及び 第6学年

教材名

ないた赤おに

出典：ゆたかな心（光文書院）

B　主として人との関わりに関すること

　(9)［友情、信頼］友達と互いに理解し、信頼し、助け合うこと。

関連項目

　［親切、思いやり］相手のことを思いやり、進んで親切にすること。

1　内容項目について

　本当の友だちというものは、その相手が「○○してくれたら」というような条件付きではなく、「友だちだから」できることがある人のことを言う。友のために、自分にたとえ害が及ぶことになろうとも、それを苦に思わず実行しようと思える存在である。

　また、そういう友だちをもつことができるだけではだめである。自分自身もそのような友だちに見合う人間にならなければ、真の友だち関係を結ぶことはできない。友だちとは両者の問題であり、片方だけの努力や資質では友だちにはなれないのである。そのような、互いに対等な関係を結ぶことができる友だちのことを「よい友だち」と呼ぶのであろう。

　そのような互いに対等な友だちだからこそ、互いに励まし合い、切磋琢磨し合いながら、互いを高める存在となるのである。そしてそのような友だちは、いつも一緒にいれば自然にできあがるものではなく、互いの心掛けが必要である。

2　読み物教材について

　人間と友だちになりたい一心の赤おには、あの手この手で人間に近づこうとするがうまくいかない。見かねた青おにが一計を講じ、まんまと人間と赤おにの関係を作ってやる。しかし、その関係を保つためには自分がいると邪魔になると判断した青おには、長い旅に出てしまう。置き手紙を読んだ赤おには、初めて青おにの自分に対する思いの深さを知り、はらはらと涙を流すのであった。自分が不利になることを承知した上で、友だちのために民家に暴れ込んだり、一人旅に出たりした青おにの心遣いや行動を通して、子どもたちは、そのような友だちがほしいと思い、自分もそのような友だちにふさわしい人間になりたいと思うことができる資料である。

3　「一期一会の発問」

発　問　赤おにと青おにの友だちレベルを比べる。

問い返し例　赤おにのような友だちと青おにのような友だち、どっちがほしい？

68

4 70% 授業シナリオ（残りの 30% は先生と子どもたちで色づけしてください）

> ①【ゴールイメージ】
> 　赤おにと青おにの友だちレベルを、友だちを思う矢印の数や長さ、太さなどで表し、それを比較することで、友だち関係のよさについての意識の変容を図る。

② 「友だちだから _____」を聞く（書かせる）。

③ 赤おにと青おにの友だちレベルがどのように変わっていったかについて考えさせる。

【知的理解】

◯ はじめの関係とあとの関係の特徴やよさ、違いを考える。

◯ 最初と最後で赤おにの友だちに対する考え方はどう変わりましたか。

◯ 図で描いて考えさせる。

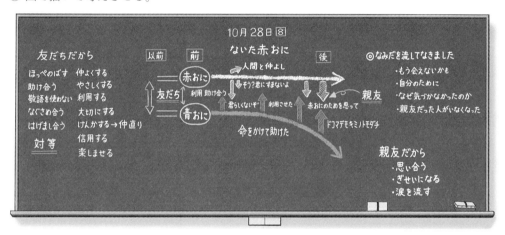

【知＋情的理解】

◯ 問い返しを行う。

・青おにからはたくさんの友情光線が出ているけれど、赤おにからは出ていないのではないかな。

・青おにのような友だちはほしいけれど、赤おにのような友だちはほしいですか。

・赤おにと青おにが一番友だちレベルが高いと思うのはどこですか。

・なぜ赤おにはないたのでしょう。

【意欲的高揚】

④ 再度、「友だちだから _____」を聞く（書かせる）。

⑤ 子どもたちの発言のよかったところを前向きに評価・意味づけする。

5 授業の実際

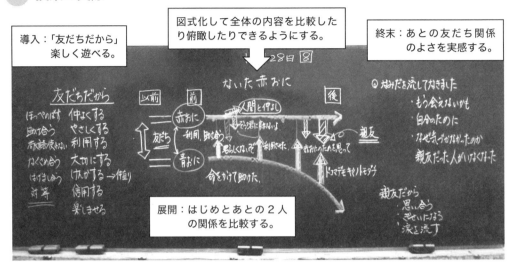

導入:「友だちだから」楽しく遊べる。

図式化して全体の内容を比較したり俯瞰したりできるようにする。

終末:あとの友だち関係のよさを実感する。

展開:はじめとあとの2人の関係を比較する。

① テーマに向かった流れ

「赤おにと青おにの関係の、はじめとあとの違いは何だろう」
・はじめは青おにから友だち光線がたくさん出ているけれど、赤おにからは出ていない。
・あとの方は、赤おにからの友だち光線と青おにからの友だち光線が釣り合っている。
「なるほど、あとの方の友だち関係のよさは?」

② 予想していなかった授業中のできごと

T:こんなの友だちと言えるの? 対等なの? どこが?
C:赤おには、青おにのことをすごく信用できているから、前にも助けてあげているのかもしれない。
T:前にもつながりをもっていたからこそ、赤おには青おにを信用できたんだ。

 ONE POINT
いじめ問題に直結!

子どもの発言から、みんなちがうからこそ、それを認め合うことが大切というメッセージを受け止め、意味づけすることができます。

教材に書かれていない世界を想像する

子どもたちは、これまでに築き上げてきた信頼関係があるからこそ、2人はこういうことができたのだろうと予想した。このように、書かれていない世界を想像する力は道徳の授業において大きな意味をもつ。単なる読解ではなく、自分でよりよい世界を創造するということである。

③ この一点の発問と教師が思わず唸った子どもの言葉

④ 本授業を参観された先生の感想

導入で出した子どもの思いが、その後の展開、終末の中で見事に位置づいていた。そのため、子どもは自分たちの考えを軸にして考えを広げることができていた。展開部においても、子どもの出した想いと資料のズレをつくることで、子どもに再思考をせまる効果は大きいと感じた。そして、終末においても、導入時につかった友だち観をもとに広げることにつながっていた。導入-展開-終末に一本の筋がある授業のよさを痛感した。

また、板書を構造的に書くことで、赤おにと青おにの身体的距離と心理的距離の２つを視覚的にとらえることができ、考えやすくなっていた。見えにくい、表しにくい心理的部分が視覚的になっていることで、具体的に考えをぶつけやすい利点も大いに感じた。

資料にない過去の関係を推測している子の考えを受け止め、「どれが一番仲良しなのか」と発問していた。まさに、子どもの考えを受け止め、子どもと一緒に考えていく授業の象徴的な場面だと感じた。自分たちの思いで授業が進んでいくからこそ、子どもたちはより考え、より思いを表出したくなるとも感じた。

⑤ 事後活動・発展

こういう友だちだからこそ、離れていても心は繋がっている。「きっとこのあと赤おにと青おには、本当の友だちとして仲よくなれたと思うよ。」と、このあとの明るい未来を見ようとしていた子どもたちの前向きな捉えが印象的であった。

〈加藤　宣行〉

| 第1学年及び第2学年 | 第3学年及び第4学年 | 第5学年及び第6学年 |

教材名

雨のバス停留所で

出典：わたしたちの道徳

C　主として集団や社会との関わりに関すること
　⑾［規則の尊重］約束や社会のきまりの意義を理解し、それらを守ること。
関連項目
　［親切、思いやり］相手のことを思いやり、進んで親切にすること。
　［正直、誠実］過ちは素直に改め、正直に明るい心で生活すること。
　［善悪の判断、自律、自由と責任］正しいと判断したことは、自信をもって行うこと。

1　内容項目について

　本教材の内容項目は、①「規則の尊重」、②「親切、思いやり」の2つの捉え方に分かれるのが、一般的であろう。「規則の尊重」か？　「思いやり」か？……様々な価値が混在する本教材を使って、規則の尊重の指導は難しいと感じる方も多いであろう。そこで、新学習指導要領解説の特別の教科道徳編でも述べられているように、「きまりを守る」ということについて、「公徳」の観点から入っていくと考えやすい。「公徳心」とは、「公的な集団や社会の中での約束やきまりの意義を理解した上で、それを大切にしようとする心」であると捉えて指導していくと、道徳的価値がぶれずに深めることができる。

2　読み物教材について

　本教材は、雨の中、停留所近くの軒下でバスを待つ人々がいる中で、自分が先に並ぼうとしたよし子とその行動を叱る母親を通して、きまりに対する態度や心情を学ぶという教材である。規則の尊重だけでなく、思いやり・善悪・正直など多様な価値がある本教材をもとに、きまりを支える根底には、「周りの人への思いやりの心やマナー、公徳心があること」をしっかりと考えさせていく。「よし子・お母さん・バスを待つ人」の三者の関係性を構造的に板書し、きまりが集団や社会の人々の関係性やお互いに思いやる心をもとに成り立っていることを押さえる。結果としてきまりを守ったよし子だが、どこがいけないのか、ただきまりを守ればよいわけではなく、自らきまりを守る心や人に対する思いやりやマナーに支えられた心をもって行動することなど、きまりを守る上で大切なことを十分に考えさせていく。

3　「一期一会の発問」

> **発　　問**　お母さん、よし子、バスを待つ人たちの「きまりの守り方」のちがいを考えよう。どう思いますか？

> 問い返し例　お母さんはよし子さんに、どんなことを伝えたかったのだろうか。

> 問い返し例　最後は、順番を守ったよし子さんを自分勝手と感じるのはどうしてか。

第Ⅲ章　実際の授業の展開

4　70％授業シナリオ（残りの30％は先生と子どもたちで色づけしてください）

> ①【ゴールイメージ】
> 　よし子・お母さん・バスを待つ人々の三者の関係性の構造的板書をもとに意見交流させ、きまりが集団や社会の人々の関係性やお互いに思いやる心をもとに成り立っていることを考えさせる。

②「きまりを ☐
　　なぜなら ☐ だから」を聞く（書かせる）。

③　三者のきまりの守り方の違いや最初と最後のよし子の変容から、きまりを守るために支えられている大本(おおもと)の心について考えさせる。

【知的理解】
○ お母さん・よし子・バスを待つ人たちの「きまりの守り方」の質的違いを考える。
○ はじめのよし子とあとのよし子の人間性やよさ、違いを考える。
○ きまりを守る行為は、どのような大本(おおもと)の心に支えられているのか考える。
○ 図を描いて考えさせる。

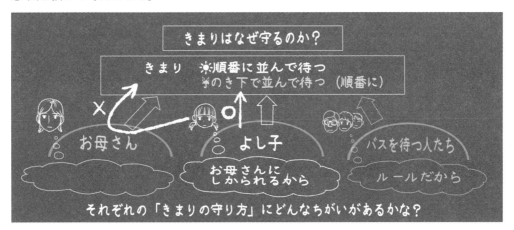

【知＋情的理解】
○ 問い返しを行う。
　・母親に引き止められ、最後はきまりを守ったよし子なのに、なぜ自分勝手（自己中心的な行動）と感じるのだろうか。
　・きまりはどこにも書いていないから、よし子は悪くないのでは？
　・お母さんのようなきまりの守り方をすると、どんなよいことがある？

【意欲的高揚】
④　再度、「きまりを ☐
　　　　　なぜなら ☐ だから」を聞く（書かせる）。

73

⑤ 何人かに意図的指名をして発言させ、よかったところを前向きに評価・意味づけする。

5　授業の実際

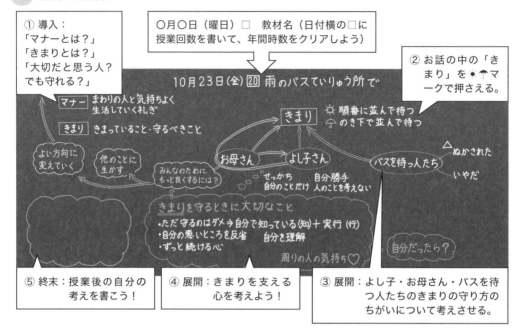

① 児童の問題意識から問いを作る導入

> T：マナーとは？　きまりとは？
> T：2つとも大切だと思う？　守れる？
> C：2つとも大切だと思うけれど守れないときもあるよ。なぜだろう？
> T：大事だなって思っても、守れないこともあるよね。教材からきまりとマナーについて深く考えていこう。きまりはなぜ守るのか考えていこう。

② 教材の中のきまりは何か、場面絵を使って視覚的にしっかりと押さえる。

きまりに目を向けて考えさせたいので、初めに話の中のきまりは何か押さえる。

③ 展開：よし子のきまりの守り方のもとの心を考えさせる。

> T：きまりを守るということについて、よし子さんのことをどう思う？
> C1：きまりを守らないで、自己中心的でわがままだよ。
> C2：きまりが分からないから仕方ないよ。どこにも書いてないし、悪くないよ。

第Ⅲ章　実際の授業の展開

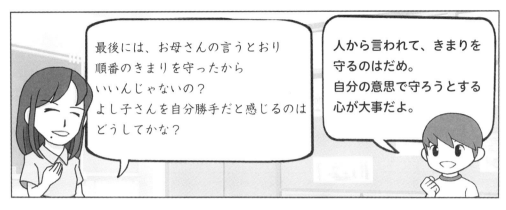

　C1とC2の意見を対立させ、「母親に引き止められ、最後はきまりを守ったよし子だが、自己中心的な行動と感じるのはなぜだろうか。」「よし子とお母さんのきまりの守り方についてどんなちがいがあるのだろう。」と問い返す。

 ONE POINT

　同じ行動でも、もととなる心が違えば、その意味は大きく異なるという捉えは非常に重要なものです。
　発問の工夫によって、それを子どもたち自ら気づくようにさせているところがいいですね。

④ 展開：きまりを守る行動の裏に支えられているものは何かを考えさせる。

⑤ 授業後の子どもたち……ここが変わった！

　給食の配ぜんで並ぶ時、水道場で水を飲んだり手を洗ったりする時など、周りの状況を見ながら、「どうぞ」と譲り合う優しい姿が見られるようになった。また、会話の中で、学校のきまりの意味や、どんな心で守るべきかについて真剣に話し合う場面も見られた。

〈加藤　八千代〉

75

第1学年
及び
第2学年

第3学年
及び
第4学年

第5学年
及び
第6学年

教材名

きれいなかさ立て

出典：心つないで（教育出版）

C　主として集団や社会との関わりに関すること
⒂［よりよい学校生活、集団生活の充実］先生や学校の人々を敬愛し、みんなで協力し合って楽しい学級や学校をつくること。

関連項目
［節度、節制］自分でできることは自分でやり、安全に気を付け、よく考えて行動し、節度のある生活をすること。

1　内容項目について

　一般的な内容項目は「よりよい学校生活」である。低学年では「学級や学校の生活を楽しくすること」とある。文言の変化からも、自分も集団の一員としてできることを考えていくことが肝要であることが分かる。3年生では学級、4年生では学校も視野に入れて集団を捉える必要があろう。しかし、よりよい学校生活を送るという行為だけに着目しても、その行為になぜ価値があるのか、よりよい生活に結びつくのかは、その行為が生まれた心に着目しなければ分からない。学校を支える集団と、学校への思いの強さや素晴らしさが分かれば分かるほど、自分もそのような集団をつくりたいと願うようになり、目に見える行為が生まれるのである。行為が生まれる心に焦点を当てて授業を構成していきたい。

2　読み物教材について

　本教材は、学校でのきれいな傘の置き方をこれからも引き継いでいきたいと願う主人公の思いとそれにまつわるエピソードを綴った話である。表面的に読めば「ものを大切にしよう。」「きちんと片付けよう。」というメッセージが伝わってくるだけで、そこにある思いや願いには目が届きにくい。また、本教材は「伝統」という言葉がキーワードとして挙げられているが、「素晴らしい行為だから引き継がれている」という押さえでは本質にはたどり着かず、目に見えるものだけに終始してしまうおそれもある。そこで、「きれいな傘立てに込められた思いや願いを明らかにする。」というゴールイメージをもとに授業を組み立て、それに繋がる発問や板書を考えた。

3　「一期一会の発問」

発問　なぜ、きれいなかさ立てが続いているのだろうか。

問い返し例　このリレーが続いたら、どんな学校になりそうかな。

第Ⅲ章　実際の授業の展開

4　70％授業シナリオ（残りの30％は先生と子どもたちで色づけしてください）

①【ゴールイメージ】
　学校の伝統が続いている理由を問うことで、「きれいなかさ立て」に込められた思いや願いを明らかにし、よりよい学校をつくろうとする思いを拡充させる。

②「○○小学校のすごいところ（誇りに思えるところ・伝統）」を聞く。

③ 伝統が続いている理由について考えさせる。

【知的理解】
○「きれいなかさ立て」が続いている理由を考える。
　「なぜ、きれいなかさ立てが続いているのかな。」
○ 心に焦点を当てて問い返す。
　「どんな思いがつながっているのかな。」
○ 思いが続いている様子を図式化する。

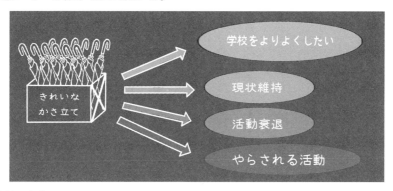

【知＋情的理解】
○ 問い返しを行う。
　・校長先生にほめてもらったから続いているのかな。
　・5、6年前から始まったことでも伝統って言えるのかな。
　・この学校はこれからどんな学校になると思いますか。
　・みんなの学校にもこのように受け継がれているものはありますか。

【意欲的高揚】
④ 再度、「○○小学校のすごいところ（誇りに思えるところ・伝統）」を聞く。

⑤ 子どもたちの「自分たちも学校を大切にしようとする思いをもって伝統を受け継いでいきたい」という発言を評価・意味づけする。

77

5 授業の実際

① テーマに向かった流れ

② 予想していなかった授業中のできごと

「先生、この子、傘を並べるやり方だけじゃなくて心も教わってるよ。」と言い出した子どもがいた。他の子どもに尋ねてみたところ、「多分、心も教わってるっていうのは、学校をきれいにしようという気持ちだと思う。」「教える方に、この学校をもっときれいにしたいという願いがこもっている。校長先生にも願いがあるから、全校朝会で話題にしたのだと思う。」と他の子どもたちが繋げた。

さらに、1人の子どもが黒板の前に出て、「こんなふうにリレーみたいに今と昔の願いが繋がっている。この繋がりがあるのが伝統だと思う。」と板書する姿が見られた。それが右の図である。

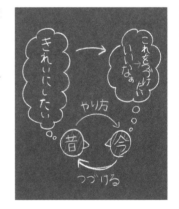

 ONE POINT

　　岡田先生の授業の魅力のひとつは、気がつくとひとりでに子どもたちが乗ってきて、話を広げたり、黒板に出て自ら書き始めたりするところです。子どもたちの学ぶ姿勢がどんどん前向きになっていく様子は見ていて心地よいものです。

③ この一点の発問と教師が思わず唸った子どもの言葉

④ 板書解説

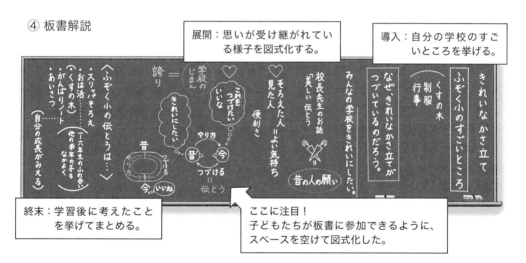

⑤ 事後活動・発展

　子どもたちは「今と昔の思いが繋がっているのが伝統。」と、受け継がれているものの本質を自分なりの言葉で表していた。また、この言葉を受けて「学校の自慢が、自分たちの誇りになる。」と考えを発展させ、「自分たちもリレーを繋げていきたい。」と、事後活動として校庭の掃除を提案してきた。よりよい学校をつくるために自分たちができることを考えた結果としての姿であるといえよう。

〈岡田　千穂〉

第1学年 及び 第2学年	第3学年 及び 第4学年	第5学年 及び 第6学年

教材名

しあわせの王子

出典：小学校道徳（東京書籍）

D　主として生命や自然、崇高なものとの関わりに関すること

⑳［感動、畏敬の念］美しいものや気高いものに感動する心をもつこと。

関連項目

［親切、思いやり］相手のことを思いやり、進んで親切にすること。

1　内容項目について

　一般的な内容項目は「敬虔」である。人は、自分にはとうてい及ばないような美しいもの、気高いものと接すると、「素晴らしいなあ。」と憧れをもつ。これは、美しい風景や絵画などの目に見えるものだけではなく、友情や思いやりのような目に見えないものも同様である。

　数ある内容項目の中でも、「『敬虔』は扱いにくい」「難しい」とよく言われるのは、扱う内容が人間を超越したものが多く、日常生活ではあまりお目にかかることがないからであろう。しかし、一見、自分とは異なる世界のこと、かけ離れた存在だとしても、それに対して素晴らしいと感じられるということは、その世界や存在に共感し、少しでも近づきたい、自分の中に取り入れたいと求める心があるからである。自分にもそのような心があると自覚することができれば、子どもたちは自ずと自分の周りにある世界や存在に目を向けるようになるのである。

2　読み物教材について

　表面的に読めば「町の人たちの幸せを願う王子やツバメが、自分の身を削って人々を幸せにした話。」であろう。しかし、この話を自己犠牲と捉えてしまうと、自分の幸せよりも相手の幸せを願うことが美徳であるかのように語られることになる。果たして、王子やツバメは、自分をないがしろにしてまでも町の人々の幸せを願ったのであろうか。答えはNOである。彼らにとって、町の人たちの不幸は自分の不幸であり、町の人たちの幸せは自分の幸せなのである。我がことのように相手の身を案じ、自分にできることをしようとする、その姿に、私たちは心打たれるのである。そこに気づけるようにするためには、「自分にとっての幸せは何か」「王子にとっての幸せは何か」を問う必要がある。そこで、「王子は幸せになれたのかを明らかにする。」というゴールイメージをもとに授業を組み立て、それに繋がる発問や板書を考えた。

第Ⅲ章　実際の授業の展開

3 「一期一会の発問」

発問 王子は「幸せ」になれたのだろうか。

問い返し例 お金持ちからお金を寄付してもらうことと、王子から金ぱくをもらうこととの違いは何だろうか。

4 70% 授業シナリオ（残りの30%は先生と子どもたちで色づけしてください）

① 【ゴールイメージ】
　宝石や金ぱくを町の人たちに届ける前の王子と、届けた後の王子を比較させ、王子は幸せになれたのかを問うことにより、王子の心の美しさを明らかにする。

② 幸せに感じる時はどのような時か考えさせる。

③ どちらの王子が幸せかという観点で教材を読ませる。

【知的理解】
○ はじめの王子とあとの王子はどちらが幸せだったかを考えさせる。
○ 図式化して考える。

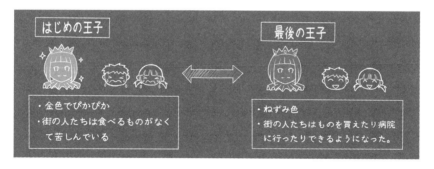

【知＋情的理解】
○ 問い返しを行う。
　・お金持ちからお金を寄付してもらうことと、王子から金ぱくをもらうことは同じでしょうか。
　・町の人たちが王子からもらったものは何でしょうか。
　・ツバメはなぜ、王子のそばに残ったのでしょうか。
　・このお話の中で一番幸せなのは誰でしょうか。
　・みなさんの周りにも、王子のように、相手の幸せを自分の幸せだと感じている人がいませんか。

【意欲的高揚】

④ 再度、幸せに感じる時はどのような時か考えさせる。

⑤ 子どもたちの発言に含まれる美しい心を意味づける（評価する）。

5 授業の実際

① テーマに向かった流れ

② 予想していなかった授業中のできごと

「町の人たちが王子からもらったものは何だろう。」という問いかけに対し、「金ぱく」「宝石」「助けたいという願い」「優しさ」「幸せになってという思い」等が出てきた。

 ONE POINT
子どもの発言を意味づけする

　子どもは気づいているようで気づいていません。そこを気づかせてあげるのが教師の役目です。目に見える物質的なものと、見えない精神的なものを分けて板書してやるだけで、子どもの発想は広がっていきます。

　「金ぱく」「宝石」という物質的なものと、「助けたいという願い」「優しさ」「幸せになってという思い」という精神的なものとを分けて板書したことで、行動に至るまでの心の部分が明らかになり、子どもたちの考えに深まりが出てきた。これにより、「ツバメはこの王子の気持ちに気づいたから南の国に行かずに残ったんだよ。」と、ツバメの

第Ⅲ章　実際の授業の展開

思いを王子の思いに重ねて考える子どもの発言を引き出すことができた。

③ この一点の発問と教師が思わず唸った子どもの言葉

④ 板書解説

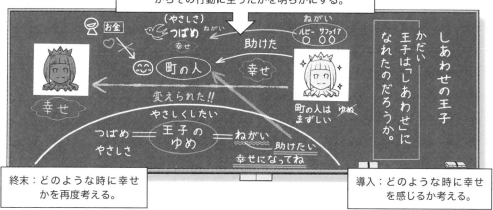

⑤ 事後活動・発展

　これは、飛び込みで行った授業であるが、子どもたちは本時の授業の終盤に「王子の夢がツバメの夢になって、みんなが幸せになれた。」と語り、最後は「これを読んだぼくたちも幸せになった。」とまとめていた。幸せは相手を思う心によって伝播し、そのような思いをもてば世界中が幸せになれるという結論に至ったのである。道徳科の中でよりよい世界を見いだすことができれば、それは現実を理想に近づけるスタートラインとなり得るのではないだろうか。

〈岡田　千穂〉

| 第1学年
及び
第2学年 | 第3学年
及び
第4学年 | 第5学年
及び
第6学年 |

教材名

うばわれた自由

出典：私たちの道徳

A　主として自分自身に関すること
(1) ［善悪の判断、自律、自由と責任］自由を大切にし、自律的に判断し、責任のある行動
をすること。
関連項目
［規則の尊重］法やきまりの意義を理解した上で進んでそれらを守り、自他の権利を大切
にし、義務を果たすこと。

---

1 内容項目について

　人間は、いつでもどこでも、他者と関わり合って生活している。したがって自分の自由な
考えや言動は、他者と関わり合っており、その結果が他者に影響を与えることがある。場合
によれば、他者の自由を奪うことさえ生じる。ここに、「自分の自由な言動は、他者に迷惑
をかけはしないか、他者の自由を奪いはしないか」という問いや責任の問題が生じる。責任
とは、「引率者としての責任」「責任を果たす」のように、自分がしたことについて責めを負
うことである。他からの制限や束縛を受けずに、自分の意思や感情に従って考えたり行動し
たりすることは自由であるが、その結果として生じたことについては責任を負わなければな
らない。つまり、責任を負うことができるかどうかをよく考えて自由な意思決定をしなけれ
ば、一人の人間として社会的に自由を認められないということである。

2 読み物教材について

　自分の世界観の中で思いのままに行動するジェラールが、その考えが誤っていることを森
の番人ガリューに諭されるが聞き入れず、ガリューを牢屋に入れてしまった。しかし、ジェ
ラール自身も、国内の乱れがもとで囚われの身となり、改めて真の自由の大切さを知るとい
う話である。
　本教材は、森の中で自由気ままに振る舞うジェラールと牢屋に入れられたジェラールが気
づいた自由を比較することで自由についての考えを広げ、ガリューの考える自由について話
し合わせることで「本当の自由」について考えることができる教材である。

3 「一期一会の発問」

発　問 ガリューはどうして強い意志をもって王子を諫めたのだろう。

問い返し例 ガリューが大切にしている自由とはどういうことだろう。

第Ⅲ章　実際の授業の展開

4　70% 授業シナリオ（残りの 30% は先生と子どもたちで色づけしてください）

> ①【ゴールイメージ】
> 　ジェラール王子が囚われの身になってから分かった自由と、ガリューが考える自由について比較しながら考えることで、「本当の自由」について考えを深める。

② 子どもが考える「自由」について価値観を問う。
　・自由に □ する。
　・自由のイメージは？

③ はじめとあとのジェラールの「自由」の捉えについて比較して考える。

【知的理解】
○ はじめとあとのジェラールの自由の捉え方についてどのような違いがありますか。
○ はじめとあとでジェラールの考え方はどう変わりましたか。
○ 図で描いて考えさせる。

【知＋情的理解】
○ 問い返しを行う。
　・森の中で自由に振る舞うジェラールと牢屋の中のジェラールはどちらが自由か。
　・本当の自由を使える人はどういう人か。そういう人についてどう思うか。
　・本当の自由を使うと、どんなことができると思うか。

【意欲的高揚】
④ 今日の授業で学んだ自由について改めて考える。

⑤ 子どもたちの発言のよかったところを前向きに評価・意味づけする。

5 授業の実際

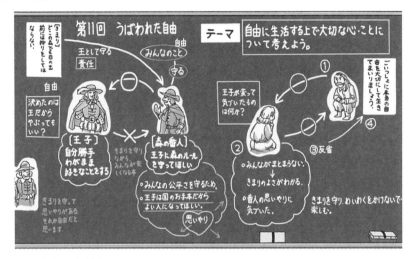

① テーマに向かった流れ

「はじめのジェラールと囚われの身になったジェラールが考える自由の違いは？」
・はじめは自分勝手、あとの方は自分勝手さを後悔している。
「自分勝手な自由ってどういうことだろう。」
・他の人のことを考えない。思いやりがない。

② 予想していなかった授業中のできごと

このような流れで話し合いを進めようとしたところ、子どもたちの方から「ジェラール王子が自由の意味に気づいたことよりも、ガリューの森の自由を守る心の強さについてみんなと話した方が本当の自由について分かりそう。」というガリューの自由を守ろうという原動力を追求しようとしていた。

 ONE POINT

古見学級の子どもたちの素敵なところは、自ら学ぼうとする意欲にあふれているところです。きっと、日々の実践の中で学ぶ意味と手応えを実感しているからこそ、自ら課題を見つけていくことができるのです。

果たして、自分勝手な自由を満喫していたジェラールが、囚われの身になって本当の自由について気づいたのであろうか？　そこだけを問うても「後悔した。」「みんなの自由を奪うことは悪いことで、結局自分に降りかかってくる。」など表面的な考えでしか自由を捉えられないと考えられる。そこで、子どもたちの気づきをもとにして、ガリューが森の自由を守るためにどんな心がけをしているのか、ガリューの強さはどこにあるのかを考えさせることによって、「本当の自由」についての価値観を追求できると考えた。

③ この一点の発問と教師が思わず唸った子どもの言葉

C：ガリューは人間だけではなく森の生き物すべてが安心して生活できる自由を守ろうとしているね。
C：自由には、思いやりが必要なんだね。
C：積極的にみんなが安心して生活できるように働きかけることが大切なんだね。

④ 板書解説

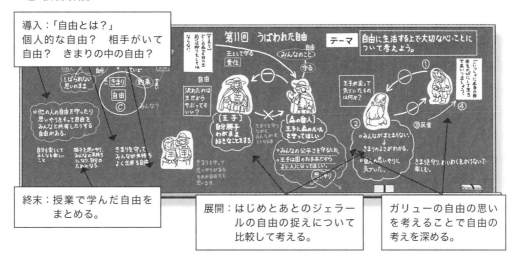

⑤ 事後活動・発展学習

　子どもたちは、ガリューの自由に対する考え方に対して学んだことをもとに、学級レクや学校行事の中で高学年として自由ときまりについて全員で話し合い、両方の価値を大切にしながら、実態に合った目標や計画を立てて活動をするようになってきた。例えば、「ハロウィンパーティー」の計画を立てる時には、ただ自分たちが楽しむために仮装したり、お菓子を食べたりということではなく、どの学年の子でも、男女関係なく楽しめるような企画を立て、みんなの使う学校を汚さない、時間を有効に使う等、きまりを友だちと話し合い、合意の中で自由を楽しむ姿が見られるようになってきた。

〈古見　豪基〉

第1学年
及び
第2学年

第3学年
及び
第4学年

第5学年
及び
第6学年

教材名

最後の一葉

出典：ゆたかな心（光文書院）

B　主として人との関わりに関すること
　(7)［親切、思いやり］誰に対しても思いやりの心をもち、相手の立場に立って親切にすること。
関連項目
　［よりよく生きる喜び］よりよく生きようとする人間の強さや気高さを理解し、人間として生きる喜びを感じること。

1　内容項目について

　この内容項目は、低学年から積み重ねて学び続けているものである。では、低学年と高学年では何が異なるのだろうか。低学年の対象は「身近にいる人」である。一方で、高学年は「誰に対しても」と対象の広がりが見られる。成長に従って子どもたちの自分を取り巻く社会が広がりを見せるように、思いやる心をもつ対象も広がっていくのである。

　高学年は行為の拠り所が他律から自律へと移行する時期である。また、自分自身を客観的に見ることができるようになってくる時期でもある。つまり、人とよりよい関係を結ぶための基礎となる「相手の立場に立つ」ことが、自分の生活の中で実際に行動として表せるようになるのである。このような発達段階を踏まえて授業を構想することで、道徳科は、子どもたちが自分自身の生きる指針を見いだす時間となる。

2　読み物教材について

　本教材は「思いやり」「生命尊重」「友情」「よりよく生きる喜び」等、様々な内容項目が含まれた文学作品である。よって指導者がどこに視点を当て、授業を通して何を考えさせたいかを焦点化することが肝要となる。本実践では「思いやり」に焦点を当てて授業を組み立てているが、関連項目として上記の内容が自ずと出てくるため、教師がそれぞれの内容項目の関係を捉えないと、授業での子どもたち個々の観点を生かすことができない。

　ベアマンがジョンジーを助けたのは、「何としてもジョンジーを助けたい」という相手を思う心がもとになっている。一人の画家として、また友人として、自分に何ができるかを考え、「壁に葉を描く」という行動を取ったのである。嵐の中、壁に葉を描くという行動へとベアマンを突き動かしたのは、自分はどうなってもよいという自己犠牲的な思いではなく、どうすればジョンジーを精神的・身体的に救うことができるかという、相手のことを我がことのように考える深い思いである。ベアマンのこの思いを明らかにすることをゴールイメージと捉えると、「壁に描かれた絵」の意味を考えられるような発問や板書を用意する必要があることが分かる。

88

第Ⅲ章　実際の授業の展開

3 「一期一会の発問」

発　　問　「最後の一葉」は傑作といえるだろうか。

問い返し例　ベアマンさんが絵を描くのではなく、写真を貼ったとしても、ジョンジーは助かったのかな。

4 70％授業シナリオ（残りの30％は先生と子どもたちで色づけしてください）

①【ゴールイメージ】
　ベアマンさんが描いた絵は傑作かどうか問うことにより、ベアマンさんがジョンジーを我がことのように思う心を明らかにする。

② 思いやりがある人とはどのような人か考えさせる。

③ ベアマンさんが壁に描いた絵は傑作といえるか考えさせる。
【知的理解】
○ ベアマンさんが壁に絵を描いた理由を考えさせる。

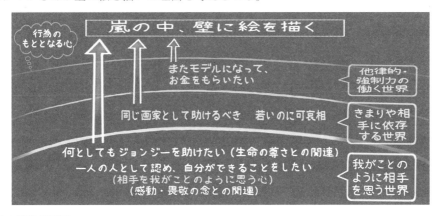

【知＋情的理解】
○ 問い返しを行う。
　・今まで１枚も傑作を描けなかった画家が、一晩で傑作を描けるのでしょうか。
　・ベアマンさんが亡くならなかったら、傑作にはならなかったのではないですか。
　・ベアマンさんは、自分のことはどうでもよいと思っていたのでしょうか。
　・ジョンジーはこれから、どのような生き方をすると思いますか。

【意欲的高揚】
④ 再度、思いやりがある人はどのような人か考えさせる。

⑤ 子どもたちの発言の変容をもとに、人を思いやる心についての深まりを評価・意味づけする。

5 授業の実際

① テーマに向かった流れ

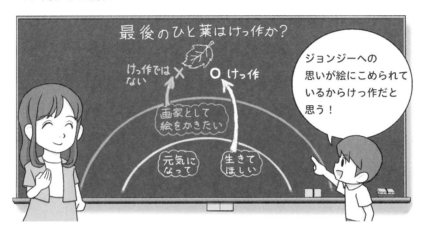

「ベアマンさんが描いた絵は傑作といえるでしょうか。」
　・命を懸けて描いた絵だから傑作だと思う。
　・ジョンジーに元気になってもらいたいという思いで一生懸命描いたから、人の心を動かす傑作が描けたのだと思うよ。
「ジョンジーへの思いがこもっているから、ジョンジーの心が動いたということですね。」

② 予想していなかった授業中のできごと

「命を懸けて描いた絵だから傑作。」という子どもの発言に対して、「命はもちろん大切だけど、ベアマンさんはジョンジーをどうにかしたいって思ったから、ジョンジーにとっての傑作になったんだよ。」という言葉が出てきた。

 ONE POINT

そのものに価値があるかどうかは最終的には相対的なものなのですね。だから道徳には答えがないと言われるのですが、本当はひとりひとりにあるのです。それを共有するのが授業です。

　今まで傑作といえる絵を描けなかった画家が、たった一晩で傑作を描くことができたとは考えにくい。しかし、きっと傑作を描き得たのだろうと思える何かがこの作品からはにじみ出ている。それがジョンジーに対するベアマンの深い思いであり、子どもの言葉に直すと「ジョンジーにとっての傑作」ということになるのだろう。

第Ⅲ章　実際の授業の展開

③ この一点の発問と教師が思わず唸った子どもの言葉

④ 板書解説

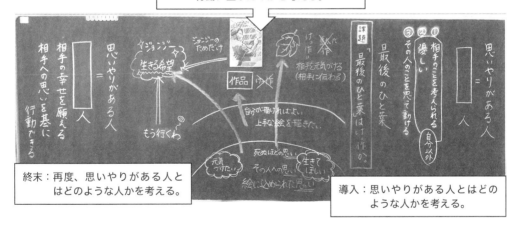

⑤ 事後活動・発展

　ある女子は、本時の授業を振り返って「思いやりのある人は、自分のように相手を思う心があり、それが行動からにじみ出てくる人。私も、そんな思いやりのある人になりたい。病気の人とか苦しんでいる人たちに『生きる希望』をいつか与えていきたい。」と道徳ノートにまとめていた。彼女は看護師を志望しており、自分がなりたい職業と本時の授業とを結びつけて、よりよく生きる未来の自分を想像したのである。道徳は「自分の未来を描く」時間であり、なりたい自分を具体化する時間であるといえよう。　　　　　　　　〈岡田　千穂〉

| 第1学年及び第2学年 | 第3学年及び第4学年 | 第5学年及び第6学年 |

教材名

ミレーとルソー

出典：ゆたかな心（光文書院）

B　主として人との関わりに関すること
　⑽［友情、信頼］友達と互いに信頼し、学び合って友情を深め、異性についても理解しながら、人間関係を築いていくこと。
関連項目
　［親切、思いやり］誰に対しても思いやりの心をもち、相手の立場に立って親切にすること。

1　内容項目について

　「真の友情とは」という問いには無数の答えがある。それは、目に見える友情の形が様々であり、時と場面、相手によっていかようにも変わりうるものだからである。しかし、その友情のもととなる心は相手に対する信頼であり、この心を明らかにすることで行為の意味が見えてくる（余談ではあるが、内容項目のキーワードは「行為」＋「心」という構造になっているものが多い。「友のために尽くす」は目に見える行為であり、「友を信じ、互いに認め合う」はその行為のもとの心である）。同じ時と場を共有するだけではなく、互いから学び合うことで相手を信頼するようになり、友情という形に発展していく。教材の中の具体を通して、この過程と構造を明らかにすることで、道徳科における学びが生まれるのである。

2　読み物教材について

　一読すると、誰もが「いい話だなあ」と思えるような教材ではないかと思う。それは、ルソーのミレーに対する無償とも思える情が溢れた行為が所々に散りばめられているからであろう。しかし、友情とは共に育まれる双方向的なものであり、一方向からの思いだけでは「友情」にはなり得ない。ここに問いを生み出すヒントがある。ルソーの願いだけではなく、ミレーの思いと2人の確固たる信頼関係を明らかにすることで、ルソーの強い思いだけではなく、ルソーを思うミレーの気持ちも見えてくる。そのためには「ミレーとルソーの絆のもとを明らかにする」というゴールイメージが必要となる。

3　「一期一会の発問」

| 発　　問 | ミレーとルソーは本当の友だちといえるだろうか。 |

| 問い返し例 | ルソーはミレーのために一生懸命尽くしてくれているけれど、ミレーは何もしていないのではないかな。 |

第Ⅲ章　実際の授業の展開

4　70% 授業シナリオ（残りの 30% は先生と子どもたちで色づけしてください）

①【ゴールイメージ】
　ミレーとルソーの目に見える行為から、互いの強い信頼関係を明らかにし、深い信頼関係で結ばれる友だちのよさを拡充させる。

②「本当の友だちだから ☐ 」を書かせる。

③ ミレーとルソーの友だち関係のよさについて考えさせる。

【知的理解】
○ ミレーとルソーは本当の友だちといえるでしょうか。
○ ルソーはミレーのために尽くしているけれど、ミレーはルソーのために何もしていないのではないですか。

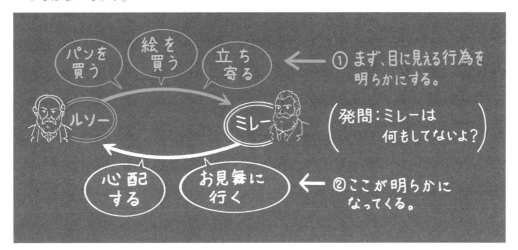

【知＋情的理解】
○ 問い返しを行う。
　・本当の友だちだったら、病気になったことも伝えるべきなのではないですか。
　・ルソーはミレーに嘘をついていますよね。それって本当の友だちといえるのですか。
　・みなさんはミレーとルソーのような友だち関係をどう思いますか。それはなぜですか。
　・みなさんの周りの友だちとそういう関係になれたら、これからどんなことができそうですか？

【意欲的高揚】
④ 再度、「本当の友だちだから ☐ 」を書かせる。

⑤ 子どもたちの発言に含まれる、信頼関係で結ばれる友だちのよさを意味づける。

5 授業の実際

① テーマに向かった流れ

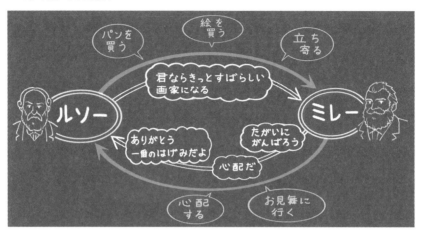

「ミレーとルソーは本当の友だちといえるのでしょうか。」
・絵を買ってあげたり、心配してくれたりしたから、本当の友だちといえる。
「何かをしてくれることが本当の友だちなら、ルソーはミレーにとって友だちとはいえないのではないですか。」
・ルソーもミレーのことを考えていたからお見舞いに行った。
・ルソーはミレーが自分のことを応援してくれていることを知っていたから、よい絵を描くことがミレーの喜びに繋がると思って、絵をがんばったんだと思う。
「なるほど、では、やはりこの2人はお互いに思い合っていたということですね。」

② 感心した授業中のできごと

「2人は本当の友だちか。」という問いに対し、多くの子どもたちが本当の友だちだと答えた。理由として「絵を買ってあげたから。」という表面的な行為寄りの意見から、次第に「心のやりとりがあった。」という、互いに心を寄せ合い、信じ合っているという意見が挙がったのがうれしかった。

 ONE POINT

行為・行動から、そのもととなる心に気づかせるという展開は、岡田先生のねらったところではありますが、発問と板書の工夫により、見事に子どもたちからその気づきを導き出しています。

　板書の構造として、ミレーとルソーの互いの行為と心を言葉にして可視化し、行為としてはほとんど描かれていないミレーの心を考えられるようにした。「互いに」が友情のキーワードだと考えていた子どもたちにとって、これは意外だったようで、ミレーの心を想像する意見が複数出てきた。信頼関係を明らかにするというねらいを達成するた

めの大きな手立てになったように思う。

③ この一点の発問と教師が思わず唸った子どもの言葉

④ 板書解説

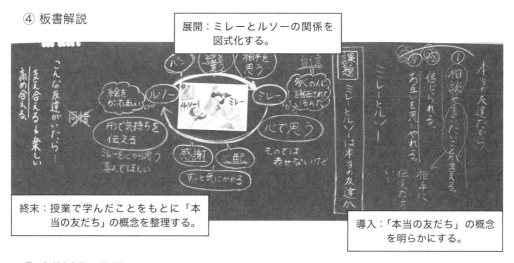

⑤ 事後活動・発展

　子どもたちは本時の授業後、「最初は言いたいことが言えることが友だちだと思っていたけれど、相手の立場に立って考えた結果なら言えないこともあるし、相手の自信に繋がるようなことに言い換えることもある。それが本当の友だちだと思った。」と道徳ノートに記していた。導入で自分の概念を明らかにし、終末で授業を振り返りながら自分の概念を整理することで、「本当の友だち」に対する概念が再構築されたと考えられる。これが子どもたちにとっての本時の学びであり、評価に繋がるものであるといえよう。　　　　〈岡田　千穂〉

| 第1学年及び第2学年 | 第3学年及び第4学年 | 第5学年及び第6学年 |

教材名

ロレンゾの友だち

出典：みんなで考える道徳（日本標準）

B　主として人との関わりに関すること
⑩［友情、信頼］友達と互いに信頼し、学び合って友情を深め、異性についても理解しながら、人間関係を築いていくこと。

関連項目
［親切、思いやり］誰に対しても思いやりの心をもち、相手の立場に立って親切にすること。

1　内容項目について

　高学年では、低・中学年に学習した身近な友だちだけではなく、遠方の友だちを含めた人間関係の拡充とその総括を期待していると思われる。また、信頼とは、お互いに言ったり行ったりしていることに、心がこもっていて嘘のない、つまり、実があると信じ合うことである。「信」は、言が成ることをいい、心の中と言動が一致することをいう。言動に実があることである。自分の言動に実がなければ、人の信頼を得ることはできない。友だちが「彼の言動は信頼できない」と思えば、お互いの助け合いは生まれない。お互いの言動に実があり、信頼し合う心があれば、必然的に一緒に「ものごと」をやるようになり、助け合いが生まれる。「助け合い」は、お互いの持ち味や特技を生かし、支え合ったり、ものごとを成し遂げたりすることである。友だちとの相互の信頼の下に、協力して学び合う活動を通して、互いに磨き合い高め合うような友情を育てていきたいと考え、本主題を設定した。

2　読み物教材について

　20年ぶりにロレンゾが故郷へ帰ってくるという知らせがきた。幼馴染みであり、親しい仲にあったアンドレ、サバイユ、ニコライは彼の帰郷を喜んでいた。しかし、3人はロレンゾが罪を犯し、警察から追われているという情報を耳にする。3人は、ロレンゾに対してどのような対応を取るのが大切なのか、それぞれの立場を主張する。アンドレ、サバイユ、ニコライのそれぞれの考えは、1人の人間の心の葛藤を表しているとも考えられる。そこで、誰の考え方が正しいのかということではなく、3人とも葛藤しながら、ロレンゾのことを真剣に考えているところに注目させたい。しかし、ロレンゾの安否を気遣ったり、自分の対応が本当にふさわしいのかどうか悩んだりして、3人は眠れないまま夜を明かすのであった。「約束の日」の翌日に無罪だったロレンゾが3人のもとに現れる。そこでは、アンドレがロレンゾの無罪を信じていた気持ちや、改めてロレンゾへの対応について考え込む3人の葛藤場面を通して、そこから、友情を大切にする心を育んでいきたい。

第Ⅲ章　実際の授業の展開

3 「一会一期の発問」

発問 どうして、かしの木の下で話し合ったことを酒場で話さなかったのか？

問い返し例 友だちとしてロレンゾに言うよさと言わないよさはなんだろう。

4 70% 授業シナリオ（残りの 30% は先生と子どもたちで色づけしてください）

①【ゴールイメージ】
　それぞれの立場から友だちとしてできることを考え、友だち同士の意見交流を促し、子どもたちの発言を問い返すことによって友だちのよさを多面的・多角的に検討し、拡充させる。

②「友だちがいると 　　　　　 ができる」を書かせる。

③ それぞれの立場で考えた友情観をもとに、授業を通して学んだ友だちのよさについて考えさせる。

【知的理解】
○ うわさだけ聞いた友だちに対して、それぞれの立場で自分は何ができるか考える。
○「最初と最後でロレンゾに対する考え方はどう変わりましたか。」
○ 図で描いて考えさせる。

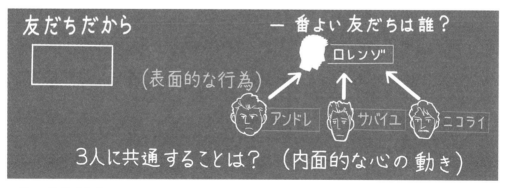

【知＋情的理解】
○ 問い返しを行う。
　・アンドレは、なぜ法律を破ってまで友だちを助けようとしているのか？　ロレンゾに対してどのような思いがあるのか？
　・サバイユは、自首を勧めるだけで、ロレンゾ自身に決めさせるのは友だちとしてどう思うか。
　・ニコライの考えは、厳しすぎないか？

・なぜ3人の友だちはかしの木の下で話し合ったことを口にしなかったのだろうか。
・3人がロレンゾにしてあげられたことはなんだろう。

【意欲的高揚】
④ 再度、「友だちがいると _____ ができる」を書かせる。

⑤ 子どもたちの発言のよかったところを前向きに評価・意味づけする。

5　授業の実際

① テーマに向かった流れ

> T：ロレンゾがいない時と戻ってきた時の、それぞれの友だちの違いは何だろう。
> C：はじめの友だちは自分の予想でしかロレンゾのことを考えていないけど、実際、事情が分かってからきちんとロレンゾのことを友だちとして考えるようになった。
> C：え？　友だちとしてどうすればいいのかを改めて考えなおしたと思うよ。
> C：ロレンゾの友だち3人は、みんなロレンゾのためにどう考えていたのかな。
> T：そうだね。それぞれ友だちはロレンゾにとって一番よいことを考えていると思います。どうしてその考えがいいと考えているのか、もっと深く考えていこうね。

② 予想していなかった授業中のできごと

> このような流れで話し合いを進めようとしたところ、子どもたちの方から「ニコライみたいな友だちは、ロレンゾが罪を償った後も友だちとして優しく迎えてあげられるでしょう。」という発言が出た。これは予想していなかった。一瞬どういうことかと思ったが、なるほどと思った。

ONE POINT　書かれていないことを読む

従来の道徳授業は、教材資料に書かれている内容把握が中心になりがちでしたが、その殻を打ち破り、どんどん思考を広げていくことが大切ですね。子どもの可能性は無限大！

　よいことはよい、悪いことは悪いと、人の道として善悪の判断に沿って友だちのことを考えることは大切なことである。しかし、相手の状況や事情をよく考えるなど、相手の思いを推しはかることが友情には大切であると考える。相手の思いを推しはかるには、**多面的・多角的な思考**が必要であり、広い心をもって自分は相手に何ができるのかを考え続けることが大切である。

③ この一点の発問と教師が思わず唸った子どもの言葉

④ 板書解説

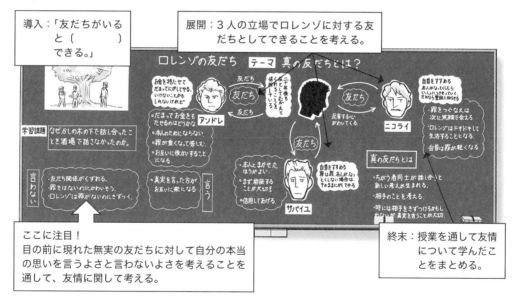

ここに注目！
目の前に現れた無実の友だちに対して自分の本当の思いを言うよさと言わないよさを考えることを通して、友情に関して考える。

⑤ 事後活動・発展

　導入では、児童の友だち観を確認するだけでなく、発言された意見を比較したり、分類したり、関係づけたりすることで、類似点、相違点を見つけながら自分たちの友だちに対するテーマを考えて学習に取り組んできた。問題解決的な学習では、学習者がいかにスタートの段階で問題意識を高めて、展開の中で道徳的価値について考えていけるかが大切だと考える。また、多面的・多角的な視点をもって物事を捉え、集団で学び合うことも、問題解決的な学習では大切な学習スタイルであると考える。

〈古見　豪基〉

| 第1学年 及び 第2学年 | 第3学年 及び 第4学年 | 第5学年 及び 第6学年 |

教材名

ブランコ乗りとピエロ

出典：私たちの道徳

B　主として人との関わりに関すること
⑾［相互理解、寛容］自分の考えや意見を相手に伝えるとともに、謙虚な心をもち、広い心で自分と異なる意見や立場を尊重すること。
関連項目
　［公正、公平、社会正義］誰に対しても差別をすることや偏見をもつことなく、公正、公平な態度で接し、正義の実現に努めること。

---

1 内容項目について

　人を許すという行為は、どのような心理状態の時になされるであろうか。まず思い浮かぶのは、相手に落ち度があった時、「仕方がないから許してあげる。」という場合であろう。次に「誰にでも間違いはある。」「お互い様。」という場合。これは相手に寄り添うという意識が強い。一方で、意見の異なる相手に対してそれを認めるというのは、許すとは少し違う精神状態であろう。強いて言うなら、認める、受け入れるということであろうか。許すという行為は、許す側が少し上から目線のイメージであるが、認めるという行為は、対等、もしくはへりくだった印象がある。

　このように考えると、許すという行為の本となる心の動かし方には様々なものがあり、寛容という「許し方」は、決して消極的なものではないことに気づく。なぜなら、寛容というのは「心を寛くもち、相手の立場や思いまでを我が心に容れる」こととするなら、その時の気分や偏見、好き嫌いにとらわれず、広い心をもって相手を包み込んだ上での、承認であり、許容であるはずだからである。

2 読み物教材について

　サーカス団のリーダーであるピエロは、自分が目立つことばかり考え、団のルールに従おうとしないブランコ乗りのサムを忌々しく思っていた。しかし、あるきっかけで、サムが一生懸命演技に向かおうとする姿勢に、別の面を見る。サムへの見方が変わり、結果、自分自身の演技に対する構えが変わった。少し視点を変えるだけで、自分の生き方も豊かになるということに気づくことができる教材である。

3 「一期一会の発問」

発　問　最初と最後の2人の関係の違いは何だろう。

問い返し例　ピエロはブランコ乗りを許していいのかな。

100

第Ⅲ章　実際の授業の展開

4　70% 授業シナリオ（残りの 30% は先生と子どもたちで色づけしてください）

①【ゴールイメージ】
　2人の関係性に変化が見られたのはピエロの何が変わったからなのかを、はじめとあとの2人の人間関係を検討することで考えさせ、思考を拡充させる。

② 許すとはどういうことかを聞く（書かせる）。

③ ブランコ乗りとピエロの最初と最後の関係の変化を考えさせる。
【知的理解】
○ 最初と最後の人間関係を比べ、どちらがよりよい関係かを考えさせる。
○ 2人の関係の変化を、図で表して考えさせる。

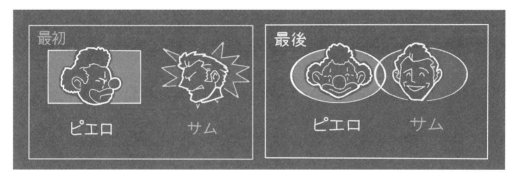

【知＋情的理解】
○ 問い返しを行う。
　・ピエロはブランコ乗りを許してよいのでしょうか。
　・最初と最後の2人の関係の違いは何でしょう。
　・ピエロはブランコ乗りを許したのでしょうか。
　・そんな2人だったら、この後どんなことができそうですか。
　・ピエロの人の見方のいいなあと思うところはどこですか。

【意欲的高揚】
④ 人との関わり方で大切なことは何かを聞く（書かせる）。

⑤ 子どもたちの発言のよかったところを前向きに評価・意味づけする。

⑥『私たちの道徳』の関連するページを見せ、そこにある言葉を使いながら道徳ノートに今日の学びをまとめさせる。

5 授業の実際

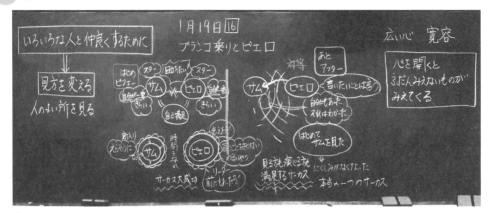

① 主な流れ

「はじめとあとの2人の関係の違いを考えましょう。」

- はじめは2人とも自分中心、自己満足で、反発し合う関係。あとは相手のことを受け入れて、対等な関係。
- はじめは1人で頑張っている。けれど、サーカスは大成功した。でも、あとは見る方も演じる方も満足する、本当に一つのサーカスになった。
- 一生懸命に相手のことを考えられる人。

② 予想していなかった授業中のできごと

C：ピエロはサムが懸命に演技した時、初めてサムを見た。
T：なるほど、それまでは見ているようで見ていなかった。
C：そうしたら、自然に憎しみがなくなった。
T：許すとか我慢するとかではなく、自然に相手を受け入れられたのですね。

 ONE POINT

「初めてサムを見た」という言葉にどきっとしました。
私たちも、日頃「見ているようで見ていない」「自分の色眼鏡で見ている」ということがあることを、この子どもの発言で思い知らされました。

教材に書かれていない世界を想像する

子どもたちは、これまでに築き上げてきた信頼関係があるからこそ、2人はこういうことができたのだろうと予想した。このように、書かれていない世界を想像する力は道徳の授業において大きな意味をもつ。単なる読解ではなく、自分でよりよい世界を創造するということである。

第Ⅲ章　実際の授業の展開

③ この一点の発問と教師が思わず唸った子どもの言葉

④ 板書解説

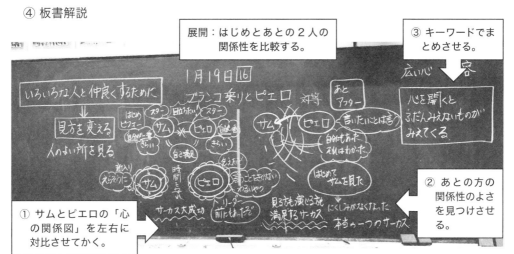

⑤ 事後活動・発展

　子どもたちは、授業後に自分の実生活と照らし合わせて考え、道徳ノートに記入し、よりよい生活に向けて自己改善を図るようになる。

　　私はたまに友だちと言い合うことがあります。すると、とても嫌な気持ちになり、心の中がモヤモヤします。その時のことを今考えてみると、とても心がせまかったと思いました。今だったら、例えば友だちに真似されたと思った時でも、「同じだね。おそろいはうれしいな」などと言って仲良くできる心に成長したと思います。広い心をもつことはいいことです。
　　　　　　　　　　　　　　　　　　　　　　　　　　　　　　　　　　（6年女子）

〈加藤　宣行〉

第１学年
及び
第２学年

第３学年
及び
第４学年

第５学年
及び
第６学年

教材名

森川君のうわさ

出典：ゆたかな心（光文書院）

C　主として集団や社会との関わりに関すること
　⒀［公正、公平、社会正義］誰に対しても差別をすることや偏見をもつことなく、公正、
　　公平な態度で接し、正義の実現に努めること。
関連項目
　［友情、信頼］友達と互いに信頼し、学び合って友情を深め、異性についても理解しなが
　　ら、人間関係を築いていくこと。

---

1 内容項目について

　人は、それぞれ固有の存在であり、それぞれ違った価値観、感情をもっている。そのため
に、相手によって態度を変え、自分の好き嫌いで行動してしまうことがある。だからこそ、
そのような私たちの人間の弱さに目を向け、常に偏りはないか己を厳しく見つめていくこと
が大切である。公正とは、誰に対してもいつでもどこでも、正しいとして通用することを実
現することである。「公平」とは、誰に対してもいつでもどこでも、与えるべきは与え、受
けるべきは受けることを実現することである。このような公正公平が実現された社会が、正
義が実現された社会であり、そういう社会の実現に努めることが、正義の実現に努めること
である。

2 読み物教材について

　仲間はずれにされる森川君は、些細な理由でいじめにあってしまう。仲間外れにする立場
の児童は、明確な理由や自覚がないままに「なんとなく」振る舞ってしまう。そして第三者
の立場として、その様子をうかがっている傍観者の児童がいる。
　本教材では、「ぼく」という第三者の立場から話が展開されている。そこでの葛藤や心の
変化は、自らの体験と関連づけて自ら見つめていくこととなる。誰かを非難する授業展開よ
りも、人間の性（さが）を認識し、どのように考え、対処していこうとする児童であるのかを捉える
ことを大切にした授業展開が望める。

3 「一期一会の発問」

発　問 どうしたら石山君との関係を崩さずに順子さんの「かたよらない心」を分か
ってもらえるのか。

問い返し例 石山君の考えと順子さんの考えを比べて考えてみよう。

104

第Ⅲ章　実際の授業の展開

4 70% 授業シナリオ（残りの 30% は先生と子どもたちで色づけしてください）

① 【ゴールイメージ】
　いじめに立ち向かう順子さんの「かたよらない心」の原動力について考えたことをもとに、いじめる側にどのように理解してもらえるかを考えていく。

② 導入：かたよらない心とは？（書かせる）

③ いじめをなくすために必要な心について考えていく。
【知的理解】
○ それぞれの立場で森川君に対する意識の違いをおさえる。
○ 順子さんの森川君に対する意識・気持ちのよさを考えさせる。
○ 図で描いて考えさせる。

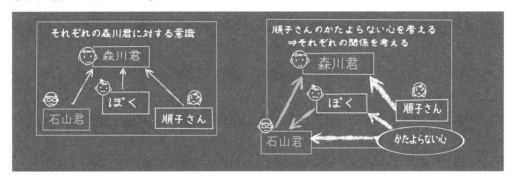

【知＋情的理解】
○ 問い返しを行う。
　・石山君たちと順子さんの、森川君に対する考え方の違いは何だろう。
　・「ぼく」が気づいたことはなんだろう。
　・みなさんは、どの人と友だちになりたいですか。それはなぜですか。
　・それぞれの立場で改善すべき点はどこか。

【意欲的高揚】
④ 今日学んだ「かたよらない心」についてまとめる。

⑤ かたよらない心を使ったら、どのような学級（友だち関係）を作ることができるかを考える。

⑥ 子どもたちの発言のよかったところを前向きに評価・意味づけする。

5　授業の実際

① テーマに向かった流れ

> T：「かたよらない心」とは？
> C：「悪口を言われても動じない心。」「うわさで人を判断しない心。」「うわさを、全部信じない心。」
> T：その心を使っていじめに立ち向かえますか？
> C：「分かっているんだけど、友だち関係もあるし。」「難しいな。」
> T：そうだよね。今日は、この心をさらに深く考えていくことを通して、いじめをなくすための心について考えていくことにしましょう。

② 予想していなかった授業中のできごと

 ONE POINT
いじめ問題に直結！

子どもたち自ら抱える問題意識がストレートに出たところがいいですね。教師が与えて考えさせるよりも、より一層子どもたち自身の話し合いが活性化することでしょう。

　いじめ問題に関しては、まず、それぞれの立場の思いと何が問題なのかを認識することが大切である。それをもとに問題解決を考察していくことが大切である。しかし、それでは表面的な解決策しか考えられないと思われる。そこで、いじめに立ち向かう人間の原動力になるものを考え学ぶことを通して、「かたよらない心の大切さ」を学び、その上で、それぞれの立場での解決策・改善策・合意等を図っていくことが重要であると考える。以上のことを考えていく上で使われる思考が、**多面的・多角的な思考**であり、**一番のいじめ問題対策**ではなかろうか。

③ この一点の発問と教師が思わず唸った子どもの言葉

　T：どうして順子さんはみんなの前で勇気をもって発言したのかな。
　　C：うわさで人を判断してはいけないと思った。
T：どうしてかな？
C：うわさで人を判断すると、嘘かどうかわからなくなってしまうからね。
C：そんな感じで判断してしまったら、友だちを信用できなくなってしまうよね。
C：そんなクラスの雰囲気で過ごすのが順子さんは嫌なんだと思うよ。

T：先の友だち関係を見通して、意見をみんなに伝えたんだね。「ぼく」にはその気持ちはなかったのかな。

C：あると思うけど、石山君たちとの関係が強いから言えないんだよ。
T：そうか〜。関係が崩れるのが嫌だもんね。

C：でも先生！ 順子さんのように未来のみんなのことを考えて発言しないと、今度は「ぼく」と石山君の間でいじめが起きると思うよ。

C：順子さんは、事実を見た責任みたいなものを感じてたんじゃないのかな。
C：その事実が未来の友だち関係にひびが入ると思って、誤解を解いてあげないと、と感じたのだと思います。

T：みんなの意見がつながって、順子さんの勇気の原動力が分かってきましたね。

C：先生！ 問題なのは「ぼく」です。「ぼく」が、この順子さんの心を石山君たちにどう伝えるかが大切だと思います。それを乗り越えられれば、みんなの誤解がとれると思います。

④ 板書解説

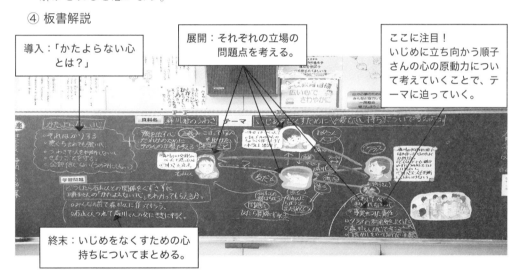

⑤ 事後活動・発展

後日、学級では、いじめについてではないが、なれ合いの部分が大きくなりお互いの成長をストップさせているのではないかという意見を言う子がいた。学級では、自分たちの現状を振り返り、自分たちは高め合う関係を目指していることを確認し、これからどうしていくことがよいかを改めて話す機会となった。また、人権問題について捉え直し、自分たちのよりよい生活を見つめ直すのによい機会となった。

〈古見　豪基〉

第1学年
及び
第2学年

第3学年
及び
第4学年

第5学年
及び
第6学年

教材名

ひとふみ十年

出典：（6社採用）

D　主として生命や自然、崇高なものとの関わりに関すること
　⒇［自然愛護］自然の偉大さを知り、自然環境を大切にすること。

関連項目
　［生命の尊さ］生命が多くの生命のつながりの中にあるかけがえのないものであることを
　　理解し、生命を尊重すること。

1　内容項目について

　一般的な内容項目は「自然愛護」、主に「植物愛護」の心情を育むことがねらいとなる。その達成には、どのような方法が有効であろうか。親が幼い頃から何度も「植物を大切にしなさい。」と言い聞かせる方法か。厳しい人に「植物を大切にしなさい。」と強く注意される方法か。逆に、優しく諭す方法か。植物に詳しい解説員の話を聞いたり、博物館に足を運んだり、関連する本を読んだりする方法か。実際に植物を育てれば育てるほど、心情が育まれるのだろうか。これらの方法で、躾として「植物愛護」の心情が育まれることはある。しかし、真の「植物愛護」の心情を育むには、躾だけでは何かが足りないのではないか。上記の「自然愛護」に書かれているように、子どもたちが自然の偉大さを知るための授業を行う必要がある。

2　読み物教材について

　「植物は可哀想だな。だから大切にしてやらなきゃいけないな。」となってしまうと、自然の偉大さを知ることはできない。「植物はすごいな。一生懸命生きているのだな。尊敬できるな。だから大切にしたいな。」となってこその「植物愛護」だと考える。

　本時では、植物の生長（生き方）と自分の成長を比較して考えさせる。さらに問い返しをすることによって、考えをつけたしたり、深めたりさせる。そうして「植物は、自分と同じように、一生懸命に生きている」と感じさせ、親愛の念を抱かせたい。もしくは「自分よりも、一生懸命に生きている」と感じさせ、尊敬の念を抱かせたい。そうすれば、一生懸命に生きているものを守りたい、支えてあげたいという心がはたらくのではないだろうか。植物に対する見方を、教材を通して、友だちの考え・意見を聞くことを通して、変容を促したい。

3　「一期一会の発問」

発　　問	自分の十年の成長と比べて、チングルマの十年の生長をどう思いますか？
問い返し例	十年間の生長が1mmのチングルマは、一生懸命生きていないのかな？

第Ⅲ章　実際の授業の展開

4　70% 授業シナリオ（残りの 30% は先生と子どもたちで色づけしてください）

> ①【ゴールイメージ】
> 　比較させる発問によって、友だち同士の意見交流を促す。さらに児童の発言を問い返すことによって、一生懸命に生きることのよさを多面的・多角的に検討し、拡充させる。

② 花についてどう思うか聞く。

③ 十年間で、自分たちがどれだけ成長したかを考えさせる（ノートに書かせる）。

④ チングルマの生長（生き方）と、自分の成長を比較させる。

【知的理解】
○ チングルマの生長の仕方を可哀想と思う児童の気持ちにも寄り添う。
○ チングルマの生長と、自分たちの成長を比較させ、違いや共通点を見つけさせる。
○ 板書に図で整理し、違いや共通点の気づきを視覚的に促す。

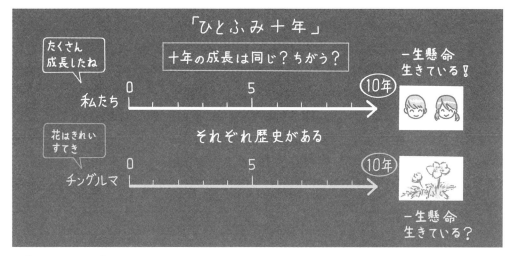

【知＋情的理解】
○ 児童の発言に合わせて、問い返しを行う。
　・十年間の生長が 1mm のチングルマは、一生懸命に生きていないのですか？
　・一生懸命に生きているのは、チングルマだけでしょうか？
　・花のよさは、見た目のきれいさや、香りのよさだけですか？
　・チングルマのように、君たちも、一生懸命に生きているのでは？

【意欲的高揚】
⑤ 再度、花についてどう思うか聞く。

⑥ 子どもたちの発言のよかったところを前向きに評価・意味づけする。

5 授業の実際

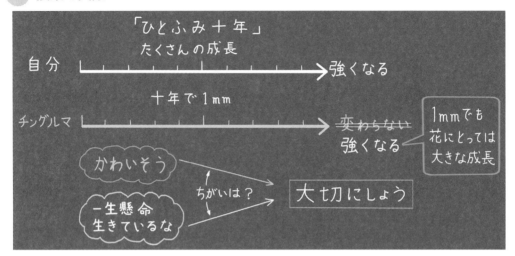

① テーマに向かった流れ

「君たちの十年の成長と比べて、チングルマの十年の生長をどう思いますか。」
　A　ほとんど変わらないから、孤独。可哀想。悲しい。だから大切にしよう。
　B　一生懸命生きているから、大切にしてあげたい。支えてあげたい。
「なるほど。では、Aの気持ちからの『チングルマを大切にしよう。』と、②の気持ちからの『大切にしよう。』とでは、どのような違いがありますか。」

② 授業中の子どもたちの発言

Bの気持ちからの「大切にしよう」の方が、命をより大切にしていると思います。

「一生懸命生きているな。」と感じると、「自分も一生懸命大切にしたいな。」と感じると思います。

私たちの成長と比べると、チングルマの生長は小さな生長だけど、それは花にとっては大きな生長だから、ちゃんと強くなっていると思う。

Aは一時の感情で「大切にしよう」と思っていて、Bはよく考えて、尊敬の気持ちも入った「大切にしよう」だと思います。

③ 授業後の子どもたちの道徳ノート

> 花について、最初は見たり香りを感じたりすることしか思わなかったけど、花ってすごいんだなと思った。1mmでも花にとっては大切な生長。これが0.1mmとか0.01mmだとしても、花は頑張って生きているんだなと思い、尊敬できる。

多面的・多角的にものを見るようになる。
「表面的な見た目で判断しない」、今までと違う視点で身の回りのものを見て、考えるだろう。

> チングルマも一生懸命生きているんだと分かると「たった1mmしか生長してない」ではなく「1mmも生長できた」だと思います。花も一生懸命だから、私たちも一生懸命大切にすべきです。そうすれば元気に育ってくれます。これと同じように、自分の命も大切にし、周りの人の命も大切にすべきだと思います。
> 最初読んで「植物を大切にしろってことでしょ」と思いました。けれど、今は「自然はすばらしく、尊敬して大切にしなければならない」と思います。前の自分が恥ずかしいですが、一つ成長できました。しっかり自然を知り、自然を大切にしていきたいです。

生命観の広がり。
「植物愛護」だけでなく「生命の尊さ」にも考えが拡充された。

④ 板書解説

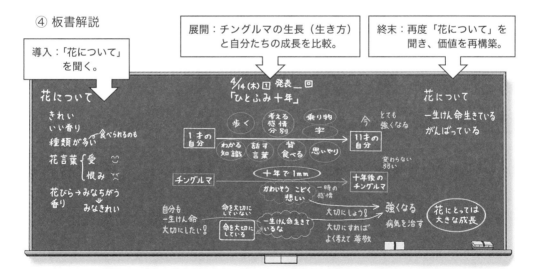

⑤ 事後の活動・今後の発展

　今後、修学旅行などの課外授業で自然に触れる機会があるので、その時にこの授業で学んだことが生かされると考えられる。また、自然に関する書籍などを読んだ時にも、今までより深く考えると予想される。栽培活動を行う際にも、植物に対して親愛の念や尊敬の念をもって接すると思われる。今後の活動で、道徳的実践力を磨かせたい。　　　　　〈見上　慎哉〉

第5学年
及び
第6学年

第1学年
及び
第2学年

第3学年
及び
第4学年

教材名

本屋のお姉さん

出典：ゆたかな心（光文書院）

D　主として生命や自然、崇高なものとの関わりに関すること

　⑿［よりよく生きる喜び］よりよく生きようとする人間の強さや気高さを理解し、人間として生きる喜びを感じること。

関連項目

　［正直、誠実］誠実に、明るい心で生活すること。

1　内容項目について

　「よりよく生きる喜び」という項目は、ある意味、どの項目でも当てはまるといえる。なぜなら、「これをしたらよりよく生きることができる」などという便利な内容項目はないからである。全ての内容項目が、人としてよりよく生きるために大切なものであり、軽重つけられる性質のものではない。かといって、それらの項目ひとつひとつを丁寧に埋めて、重ねていけば、自然によりよく生きる道徳的価値の高い人間が育つかと言えば、そういうものでもないだろう。大切なのは、1つの内容項目の本質を丁寧に解き明かし、考えていくということである。例えば本教材の内容項目は何であろう。現行の副読本では「誠実・明朗」の位置づけがされている。しかし、授業をするうちに、子どもたちはそのような狭い捉えでこの教材を読んでいないことを知った。もっと広く主人公のお姉さんのよさを感じ取り、様々な言葉で表現する子どもたちを見るうちに、「ああ、これがよりよく生きようとする姿だな」と思うことができた。

2　読み物教材について

　本屋で働いているお姉さんは、店長の細かい指示や、客の様々な要望に対しても、全て明るくはきはきと応対し、よかれと思ったことを一生懸命行っている。母親から注文した本の受け取りを言いつかって、いやいや本屋に訪れた「ぼく」も、初めは面倒くさい気持ちでいて、注文した本の名前すら聞かずに来てしまった。おかげで本を見つけることができずに店をあとにすることになってしまった。本来ならば、お姉さんの責任ではないのだから、そのままにしてもよいことだったのに、あとから注文された本を見つけたお姉さんは、雨の中、その本を持って駅前に向かう「ぼく」の所まで、走って届けに来てくれた。しかも、その本は雨に濡れないようにビニル袋に入っていた。そのようなお姉さんの仕事ぶりに引きつけられ、次第に心が温かくなっていく。

112

第Ⅲ章　実際の授業の展開

3　「一期一会の発問」

発問　お姉さんは誠実かどうかを考える。

問い返し例　仕事だから一生懸命やるのは当然ではないのか。

4　70% 授業シナリオ（残りの 30% は先生と子どもたちで色づけしてください）

①【ゴールイメージ】
　本屋のお姉さんの人柄を、お姉さんの仕事の仕方から読み取り、心の使い方のよさを見つける活動を通して、誠実に生きる人のよさを実感させる。

②「誠実な人とは　　　　　　　」を聞く（書かせる）。

③ 本屋のお姉さんの仕事ぶりのよさを考えさせる。
　【知的理解】
○ 同じ仕事でも、マニュアル通りに働くのとお姉さんの働き方との質の違いを考える。
○ ①人から言われて行う、②仕事だから頑張る、③自分から進んで、の３つの観点から分析する。
○ 図で描いて考えさせる。

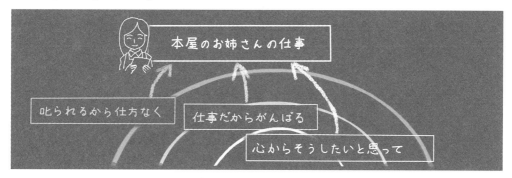

【知＋情的理解】
○ 問い返しを行う。
　・店長に注意されないように仕事をしているのではないのですか。
　・お姉さんは誠実だと思いますか、それはなぜですか。
　・お姉さんは、余計なことをして、店長の言いつけを守れないときもあるのではないかな。

【意欲的高揚】
④ 再度、「誠実な人とは　　　　　　　」を聞く（書かせる）。

⑤ そのような誠実な仕事をすると、どのようなよいことがありますか。

⑥ それを見つけられたみなさんなら、きっと……（子どもたちの背中を押すような肯定的、前向きなコメントをする）。

5 授業の実際

① テーマに向かった流れ

「お姉さんのことをどう思いますか」
- 誠実だし、真面目。
- 頼まれなくても、自分から自然にできる優しい人。
- 一生懸命に相手のことを考えられる人。

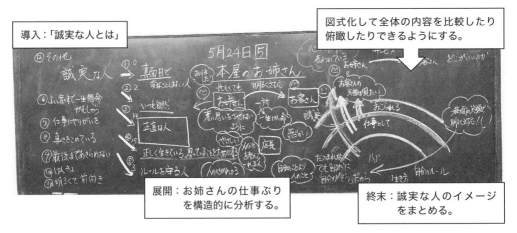

導入：「誠実な人とは」

図式化して全体の内容を比較したり俯瞰したりできるようにする。

展開：お姉さんの仕事ぶりを構造的に分析する。

終末：誠実な人のイメージをまとめる。

② 予想していなかった授業中のできごと

C：このお姉さんは、よい真面目さを出しているね。
T：真面目にも種類があるのですね。
C：あと、このお姉さんは心が身体に表れている。
T：心が身体に？ なるほど、自分のよき心を真っすぐに行動に表しているのですね。

 ONE POINT

この「心が身体に表れる」という表現こそ、誠実さを子どもなりに表現した最大限の「自分言葉」ですね。
　誠実とは、そのような人柄が、その人の言動を通して見えることなのかもしれません。

子どもたちの光る言葉を引きだす展開

　授業中、子どもたちの思わぬ言葉に「ほお〜、なるほど！」と感動することがある。そういう時は、心底授業をしてよかったと思う。子どもとともに学び、教えられた気分

第Ⅲ章　実際の授業の展開

になることができる。そのような、子どもたちの光り輝く言葉が聞けた瞬間こそ、「一期一会の授業」ができたと感じる時である。

③ この一点の発問と教師が思わず唸った子どもの言葉

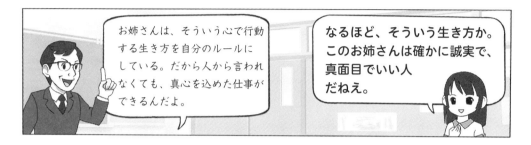

④ 本授業を受けた児童の感想

「お姉さんはとても誠実な人だと思います。真の心で客に対応するお姉さんの生き方は、とてもいいと思います。だから、私もこのお姉さんのように誠実に生きないと、と思いました。最後まであきらめず、前向きで明るく生きたいと思います。このお姉さんのように前向きであきらめない強い気持ち、心を持つことができるといいです。私は、今日やったお姉さんのような生き方を真似したいと思いました。（R）」

「今日の授業でお姉さんのやった行動について、とても誠実だなと思いました。私が生かしたいと思ったことは、自分のことより人の心を思う気持ちです。自分のことを中心に考えるのではなくて、人のことを考えられるほどいい人はいないと思います。そしてその気持ちが自然にできたらいいなと思います。人の心を思うことの大切さを学びました。（M）」

「このお姉さんのように、なんでもやりがいを感じながら一生懸命に生きることがとても大切なことがわかりました。自分の生き方にも、ただ規則だけにあてはめて生活するのではなく、臨機応変にいろいろなことに対応できるところを生かそうと思いました。（S）」

「誠実な人」について深く考えていくうちに、自然によりよい生き方の見本としてこのお姉さんのよさをたくさん見つけていった子どもたちに、私自身教えられた気がした。

〈加藤　宣行〉

第IV章

「一期一会の道徳授業」を
可能にする2つのツール

1 実践！ 道徳ノート活用法

専科・道徳として道徳ノートはどの学年にも使ってきた。

各教科では学習ノートをとるのは当たり前である。総合的な学習の時間のような教科ではない領域でも、ポートフォリオ的な蓄積を重視し、それを評価活動につなげている。道徳だけがなぜノートをとらないのであろうか。確かに、ワークシート的な学習物を書きためていく実践は散見されるが、それでは本来の道徳教育の目的は果たすことができない。なぜなら、道徳教育には授業できちんと考えさせるという要素と、日常生活の中で実体験を通して実感するという要素の２つがあってはじめて成り立つものだからである。

本稿では、道徳ノートにはどのような機能があり、なぜ必要か、そして学年ごとにどのような配慮をもってノート活用を促していくべきかについて述べていきたい。

(1) ノートの機能

通常、学習ノートには次の５つの機能がある。

① 練習

② 記録

③ 思考

④ 発表

⑤ 評価

加えて、道徳ノートには、

⑥ 試行

⑦ つなぎ

という２つの要素が加わる。

以上の７点について、少し詳しく触れてみよう。

① 練習

練習とは、書くこと自体の練習だったり見やすくまとめる練習だったりする。また、繰り返し書くことによる効果もある。それは、見直しだったり、再確認だったり、自らの考えの整理だったりする。私は「練習問題を解く」という活動も道徳授業の中で行える、行う意味がある場合もあると考える。例えば、次ページのような「練習問題」を子どもたちにさせることがある。

これらの項目は、「確かに正直だが、ちょっと違う気がする」というものもあり、明確に線引きができないところがある。ところが、道徳の授業で正直についての観点を新たに学ぶことで、今までとは異なる解釈ができたり、判断できたりするようになるのである。

この「練習問題」を授業前と授業後に行い、意識の変容を見取るようにするのも意味がある。学習の効果測定を行うことができるからである。そこから、展開や発問の改善点を見いだすこともできる。つまり、評価活動にもつながるということである。

118

第Ⅳ章　「一期一会の道徳授業」を可能にする2つのツール

〈正直チェックシート〉

次の項目のうち、正直な言葉だなと思うものに○を、そうでないものには×をつけましょう。

組　　番　　名前

	これって正直？　　正直○　　正直ではない×	1回目	2回目
1	拾ったサイフを「落ちてました」と言って交番に届けました。		
2	家の中で走り回って遊んでいて花びんを割ってしまい、「ごめんなさい」とお母さんにあやまりました。		
3	宿題をするのを忘れたけれど、先生には「やったけど家に忘れてきました」と言いました。		
4	遠足のおやつは300円までというやくそくだったので、ぴったり300円分買いました。消費税24円分オーバーしてしまったけれど、「ちょうど300円分買いました」と言いました。		
5	鉄棒がにがてで、さかあがりのできない友だちに、「君、鉄ぼうへたくそだね」と言いました。		
6	漢字練習をふざけながらやっていたら、先生に「やる気があるのですか、ないのですか、はっきり言いなさい」と言われたので「ありません」と答えました。		
7	教室で「生まれてから今まで一度もウソをついたことがない人？」と聞かれたので、「はい！」と手をあげました。		
8	満員電車の中で席にすわっている時、赤ちゃんをだいた女の人が乗ってきました。なので本当はまだおりないけれど「すぐおりますからどうぞ」と言って、席をゆずりました。		
9	友だちのたんじょうびカードを書いている時に、ちょっとよごれてしまいました。目立たないので、そのまま「おめでとう！」と言って、渡しました。		
10	友だちのたんじょうびカードを書いている時に、ちょっとよごれてしまいました。目立たないけれど、書き直しをしてから「おめでとう！」と言って、渡しました。		

② 記録

　学習内容のポイントをきちんと残しておくという作業は、どの学習であっても必要である。道徳の授業でそれが見過ごされて問題にならなかったのは、「道徳は教科ではない＝学習内容がない」という勘違いがあったからではなかろうか。5年生の子どもが、自ら使っている道徳ノートの効用について、次のようなことを述べている。

> 　その時、自分がどう思ったか、みんながどう思ったかがみえて分かるようになるので、ノートはあった方がよいと思う。これからも続けていきたい。

　また、既習事項を積み重ねることで次へのステップが見えてくるということもある。蓄積された情報・知見は過去のものではなく、現在を花開かせるために重要な土壌である。だからこそ、小学校教育はそこを耕し、土台を作っていく大事な時期なのである。

③ 思考

　考えを文字にするという作業は、単に覚え書きというレベルではなく、思考の再構築を促し、新たな発想を生み出したり、「自分の考えていたことはそういうことだったのだ。」と再発見があったりする、非常に重要な活動である。頭の中で考えるのと、文字にして考えるのは、その過程が異なるため一概に比較はできないが、自分の考えを文字に表すというのは、それだけ頭の中で整理されていないとできないことである。逆に言うと、書くことによって、自分の思考が整理され、新たな気づきが生まれ、発展があるのである。

　さらに、書くという活動は、授業中でなくてもできるため、時間を空けて家でじっくりと考え直したり、まとめたりするところに大きな特長がある。時間を空けることにより、気分転換ができたり、実感を伴う体験活動を経たりすることが可能なため、さらに深く、広く思考活動を展開させることが可能となるのである。

　また、物事を比較・検討すると知的な理解が促進されるが、そのような活動の際にも、ノートに書きながら考えることが有効である。また、書くのは文字だけとは限らない。図や表を描いたり、記号化したりすることによって、さらに理解の範囲は広がり、「かく活動」と「思考活動」は密接にリンクしてくるのである。

> 　ノートをとると、前の考えと今の考えを比べることができると思う。さらにもっといい方法はないのかと考えてノートに書くことによって、内容が頭に入ってくるので、ノートをとることはいいと思う。次の学習に応用できたりもする。　　　　　　　（5年男子）

> 　道徳ノートを書いていくことによって、見るだけでは分からない、書くことによって分かったことがたくさん入っていると思う。最後のまとめなどを頭で考えるだけだと、整理しきれずに、中途半端に終わってしまう。けれども、思ったことをうまく考えて、整理して書くと、その考えたことがより印象に残る。さらに、考えを整理して書くこと

第Ⅳ章 「一期一会の道徳授業」を可能にする2つのツール

で、新たな発見が生まれてくる。このようなことができる材料が、ノートです。

（5年女子）

④ 発表

課題となるテーマについての考えや思ったことを書くことで、授業中に発言できなかったとしても、子どもたちにとっては自分の意見を表現したことになる。これも立派な発言である。

ノートは単なる記録媒体としての位置づけだけでなく、子どもたちの表現の場として開放すべきである。教師の指示した学習内容をメモし、忘れないようにする。それも一つの機能ではあろうが、ノートにはもっと多様な可能性が秘められている。

授業を記録し、ノートをふり返ることによって、その時発見できていなかったまとめを、新たに発見できる。このようなことができるので、ノートによって考えがレベルアップしていくので、ノートは授業に必要で、発見すること、考えることについても、欠かせない存在だと思った。

（5年男子）

私にとって道徳はとても難しいです。発表するのもいまだに「はずかしい」と思うときがあり、そんなときにノートがあるととてもうれしいです。自分の思ったこととか、〇〇ちゃんの意見についてなど、いろいろなことが書けます。あと、「こういうこと、やったな」と、思い返すこともできるからです。

（5年女子）

⑤ 評価

教科化に伴い、どのような評価をするのが適切なのかが注目されている。当然のことながら、「評価のための評価」ではいけない。評価と指導は一体であるべきである。ここでも道徳ノートが力を発揮する。子どもたちの記述から、学びの成果、意識の変容、これからの実践意欲の高揚などを見取ることができる。そうすることによって、本時の手立ての有効性や課題を見直すことができる。これらが全て評価といえよう。評価についてはあとで触れることにする。

⑥ 試行

1時間の授業で、何かが完全に「分かった」「できるようになった」ということはあり得ない。授業後もこだわりをもって考え続け、新しい発見をしたり、実際に行ってみてうまくいったりいかなかったりを繰り返すことで、初めて実感を伴う理解となる。

今日、道徳の授業で親切をやりました。そしたらなぜかそれを行いたくなったので、電車でおばあさんに席をゆずってあげました。

そうしたら「ありがとう」とうれしそうに言ってくれたので、私も嬉しくなりました。

（4年女子）

これは、私が担任する4年生が書いた日記であるが、このように、やってみて初めて実感し、分かることもあるのである。これが頭で理解しただけでなく、心から真に理解したということであろう。

⑦ つなぎ

授業が終わったからといって学習が終わるわけではない。むしろ、その後の自主的・自覚的な学習にどのようにつなげられるかが重要である。復習、予習という学習活動は、他教科では当たり前のように進められるが、道徳では聞いたことがない。むしろ、「事前に資料を読ませておくなんて感動が薄れるからダメ」といった意識であろう。私は道徳でも宿題を出すべきだと思うし、あらかじめ教材について考えてきてから授業でさらに考えることもありだと考える。なぜなら、「深く考えるに値する『問題（命題）』が、たった1時間の授業の中でそんなに簡単に解決するはずがない」からである。こう言ってしまうと、「では、道徳の授業は必要ないのか。」という議論になりがちである、そうではない。道徳の授業があるからこそ、考える主体である子どもたちが育ち、そのような子どもたちだからこそ、授業が終わっても考え続ける主体となり得るのである。そしてそのような子どもたちには、つなぎとしての記録媒体、つまり道徳ノートが必要になってくるのである。

> 道徳は、前にやったテーマでもまた出てくることがあります。だから、2回目の授業では、前のノートを見返して、最初に意見を言うことができます。しかし、その授業をした後には、また新しいことをノートに記すことができます。そのようにしていくと、一つのテーマでも、たくさんのことを思い浮かべられるようになります。　　（5年女子）

> ぼくは道徳ノートが必要だと思います。時間がたってから見ても、その時のことを思い出すことができて、生活に役立てることができるからです。　　（5年男子）

第Ⅳ章 「一期一会の道徳授業」を可能にする2つのツール

(2) 実践

道徳ノートは1年生から6年生まで、5ミリ方眼ノートを使っている。

板書のポイントをメモし、本時の学びから得られた知見を書き込み、最後に自分の考えを感想として書く。その基本スタイルは学年を通して一貫して行っている。

板書もそうであるが、道徳ノートは単なる記録用紙ではなく、自分の考えを広げ、深め、まとめ上げる重要なツールとして位置づけている。

下の写真は、5年生に「誠実・明朗」の授業をした時のものである。

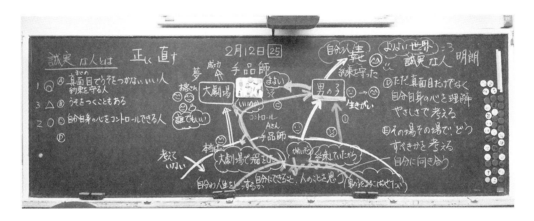

① 板書と道徳ノートとの関連づけ

このように、図式化しながら教材と内容項目をつなげていくようなスタイルの板書の場合、子どもたちは描きながら考えるという作業を授業中に行うことになる。全体構造を図で描き、考えや気づきを文字で書きながら、子どもたちは深く考える。

> 心が変わっている様子を、書く時に矢印や階段で表すのが分かりやすいです。また、意見を言い合って、一つの考えがふくらんでいくのも分かって、それが普段の生活に役立っています。いつもの生活に近い楽しい授業だと思いました。　　　　　（5年男子）

> 最初に、今回の授業の内容に結びつくような文章を提示してくれる。それを左上に書くことによって、本題を学ぶに当たり、クラスは「授業前はこんな考えだったんだ！」と思うことができ、「あっ！　こういう考え方もあるな」と考えられるから、道徳ノートの使い方はいいなと考えている。　　　　　（5年男子）

② 本授業の道徳ノート

多くの子どもたちは、見開き2ページを使って1時間の授業をまとめるイメージで道徳ノートを使っている。

左側に本時の授業のテーマ、学習内容、友だちの発言や自分自身の意見、新たな気づき、板書、キーワードなどを書く。

右側には、それらを受けた学習感想を書く。学習感想には、

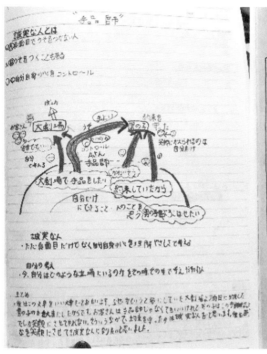

> ① 授業前の、学習内容項目に対する意識
> ② 本時の学びの成果（どんな発見をしたか、心が動いたこと、授業前と授業後の自分の意識の違い等）
> ③ これからやってみたいと思ったこと

などを書くように指示する。必要に応じて、宿題にすることもある。慣れてくると、自分で自主的に調べ学習をしたことや、実際にやってみての手ごたえなどを書いてくるようになる。

第Ⅳ章 「一期一会の道徳授業」を可能にする2つのツール

(3) 実践事例1【1年生】

平成27年度、私が担任した1年生の学級での実践である。

〈6月〉

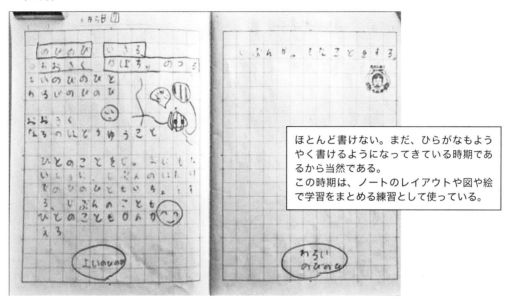

ほとんど書けない。まだ、ひらがなもようやく書けるようになってきている時期であるから当然である。
この時期は、ノートのレイアウトや図や絵で学習をまとめる練習として使っている。

〈7月〉

この時期になると、一生懸命自分の思いを書き綴るようになる。

〈9月〉

下は、夏休み明けの道徳ノートである。夏休み前に、「休み中に自分の地域のよいところを見つけてきましょう」などという宿題を出すこともある。

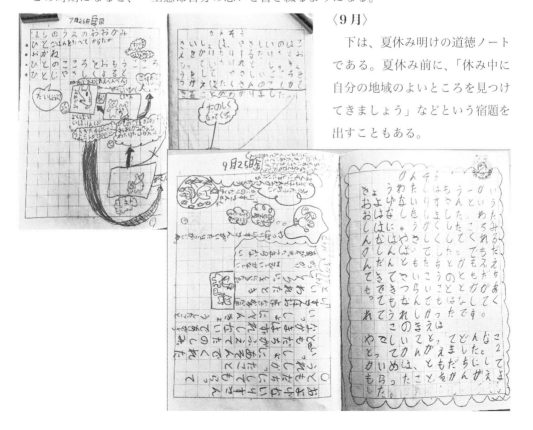

〈11月〉

　この時期になると、かなりしっかりとしたまとめができるようになる。このノートは1年生のYさんのものであるが、たいへん見やすくまとめられていたため、学級の子どもたち全員にコピーして渡し、良いところを見つけさせた。

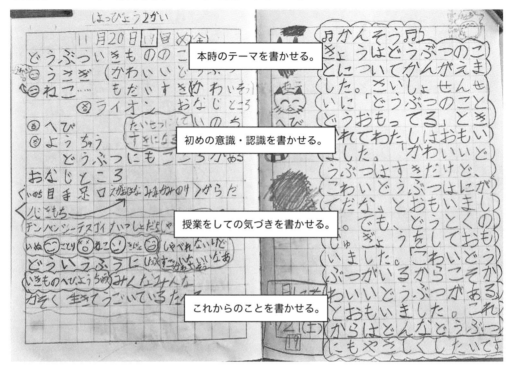

感想は単なる印象発表ではなく、自分の意識の変容を知的に見つめさせる。

第Ⅳ章 「一期一会の道徳授業」を可能にする2つのツール

(4) 1年生のノート指導のポイント

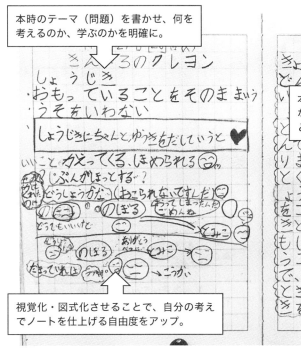
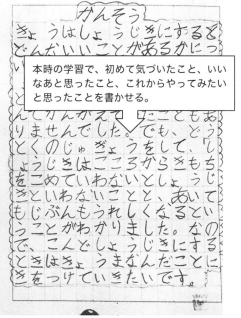

本時のテーマ（問題）を書かせ、何を考えるのか、学ぶのかを明確に。

本時の学習で、初めて気づいたこと、いいなあと思ったこと、これからやってみたいと思ったことを書かせる。

視覚化・図式化させることで、自分の考えでノートを仕上げる自由度をアップ。

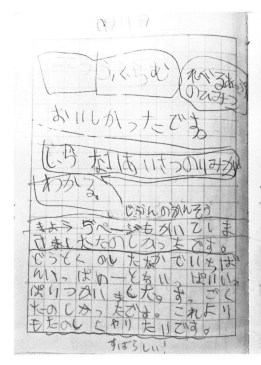
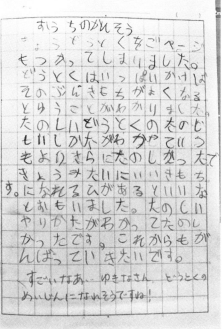

　上のノートは、思いはたくさんあるものの、あまり上手にノートをとることができなかったＳさんのものである。普段は1ページ書けばよい方であったが、ある時、5ページも書いてきた。よほど発見の多い授業だったのであろう。

127

その時のSさんの感想が、下のものである。

> きょう、どうとくノートを5ページもつかってしまいました。どうとくは、いっぱいかけばそのぶんきもちがよくなるということがわかりました。たのしいどうとくのたのしいしかたがわかって、いつもよりさらにたのしかったです。きょうみたいになれる日があるといいなとおもいました。これからもがんばっていきたいです。　　　　　(S)

このように、子どもたちは、意味があると思えば、書くことを厭わない。質の高い授業をすれば、喜々として学習のまとめを自ら行い、あふれるばかりの思いをつづり、向上しようとするのである。人はよりよく生きようとする存在であることを、学ぶことの楽しさを、1年生は身体中で表現してくれる。

その時、身近に道徳ノートがあることで、そのような思いをきちんと記録に残すことができる。

そのような授業を続けていると、子どもたちは道徳の授業を心待ちにするようになる。下の文章は、Nさんの日記である。

> （先週の金曜日）どうとくができなかったから、やりたくてたまりません。
> どうとくはきもちをかんがえたり、どうすればいいのかをかんがえるじかんです。だから、だいじなじかんです。なので、できなかったから、おちこんでいます。でも、つぎの金よう日はぜったいやりたいです。だから、おねがいします。　　　　　(N)

128

(5) 実践事例2【中学年】

中学年になると、言語操作能力や、抽象的な概念操作が可能となり、ますます道徳ノートの可能性が広がる。

自宅に帰ってから、自分の言葉できちんとまとめをしてくるようになる。

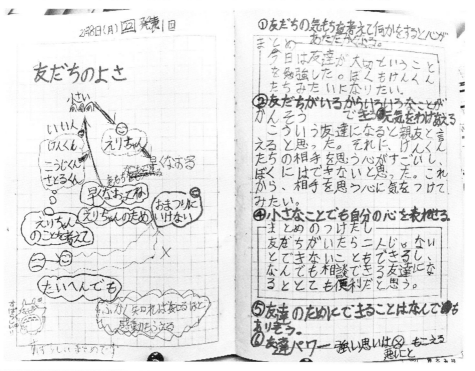

(6) 実践事例３【高学年】

　高学年になると、さらに応用・発展が可能となり、道徳ノートを使って多面的・多角的な視点から事象を見つめなおすことができるようになる。

> 　毎回、一つのテーマについて学んだ。最初の自分の考えや思ったことが、授業後に大きく変わることもあった。なぜかというと、問題についてみんなの意見を聞いたり、話し合ったりしているうちに、いろいろな見方や考え方があることに気づいたからだ。
> 　例えば、円錐は横から見ると三角だが、上から見ると円に見えること。上からも横からも円に見えたらそれは球だ。この違いに気づくことができるかどうかが道徳の話し合いであり、話したことを整理し、まとめることが道徳ノートの役割で、「自分の分身＝考え」だと私は思う。
> 　　　　　　　　　　　　　　　　　　　　　　　　　　　　　　　　　（５年女子）

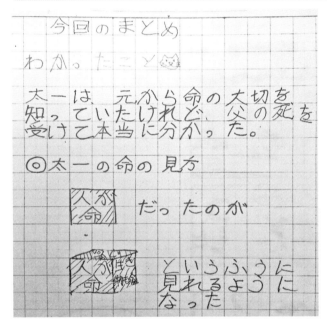

　左のノートは、６年男子のものであるが、命の捉えを、はじめは二次元・平面的に行っていたが、学習を通して三次元・立体的に見ることができるようになり、それに応じて価値の捉え方も広がりや深まりを見せるようになってきた例である。

〈加藤　宣行〉

第IV章 「一期一会の道徳授業」を可能にする2つのツール

(7) 実践事例4【道徳ノート誕生エピソード】

　平成24年度の3年生の実践である。年度当初は学習プリントを使って道徳の授業を行っていた。2学期のある日、授業後にAさんからこのような声が挙がった。
　A「先生、国語も算数もノートなのに、どうして道徳はプリントなんですか。」
　私は驚いて聞き返した。
　T「確かに、そう考えると不思議だね。Aさんはプリントとノートどちらがいい？」
　Aさんは答えた。
　A「私はプリントよりもノートの方がいいな。黒板の図とか、自分の書き込みが自由にできるし、後で見直して感想も書けるから。」
　確かに、学習プリントは自由度が低く、子どもが書き込める欄も限られていた。学習プリントの裏に、板書を参考にして自分なりの図でまとめる子どももクラスの半数以上いたという実態もあった。
　T「確かにそうだね。結構黒板の図を書いてまとめている子も多いし、ノートの方がいいかもしれないな。そのような所に『はてな』を感じることは素晴らしいね。」
　このような会話をしたように記憶している。ただ、話はそれで終わりではなかった。
　その日の帰りの会に、Aさんはこのような提案をした。
　A「みなさん、道徳のプリントのことなんですが、国語や算数はノートがあるのに、道徳だけプリントを使うのは不思議ではありませんか。私は道徳もノートを作ったほうがいいと思うのですが、みなさんはどうですか。」
　決して打ち合わせをしたわけでも、後押ししたわけでもない、子どもからの提案だった。この提案に対して、多くの子どもたちが賛成の意を表し、子どもたちが発信源の道徳ノートが誕生した。

道徳ノート

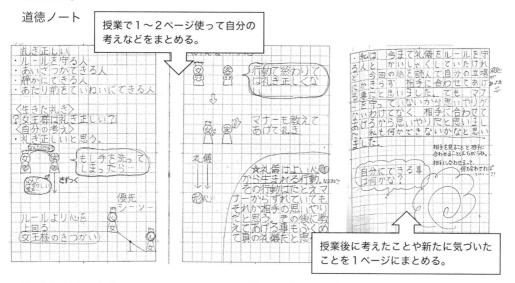

　家庭や地域で実際にやってみることで、道徳的な実践力は初めて養われ、実体験を通して真の理解につながっていくのである。それぞれの子たちが、それぞれの学びのステージを持

ち、十人十色の学びを拡散させているのである。

> 道徳ノートは、人の命、その人の心がつまっているやさしいノートだと思った。そして、道徳の授業を通して、近所の人々や町の人々に「今日もあいさつしてくれるわねぇ」と言ってもらえるようになったし、友だちとの接し方が分かるようになり、友だちがたくさんできました。それに、人の命の重さを知り、世界で活躍したいです。
>
> （5年男子）

だからといって、はじめから拡散させては、学びとしてのくくりが弱い。道徳の授業でしっかりと本質を学び、「なるほど、わかった。」という知的理解をさせ、そのうえで「いいなあ、そういう人になりたいなあ。」と心が動く情的理解を深めることで、「自分にもできそうだ。」「何かできることはないかな。」と意欲的な意識の向上を図ることができる。このような「したくてたまらない状態」にしてから、他教科・他領域、または家庭・地域に返してやることにより、道徳教育としての学びが促進されるのである。

⑻ 私の道徳ノート活用のポイントと意味

これまで私が行ってきた道徳授業の実践の中には、道徳ノートという発想はなかった。前述したように、子どもから背中を押された形で作り、思い思いの実践を始めたというのが正直なところである。けれど、だからこそ、自由な発想での活用パターンが生まれてきている気がする。

道徳の授業の板書は縦書きか横書きかという議論も見られるが、結論から言えば、子どもの思考をサポートするために有効な方法だったら、どちらでもかまわない。縦だろうが横だろうが関係ない。

子どもたちはそれこそ自由な発想で、必要に応じて疑問とする課題を書いた

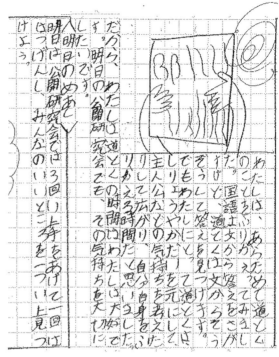

り、お気に入りの図や絵を描き加えたりして、「自分だけの道徳ノート」を作り始める。

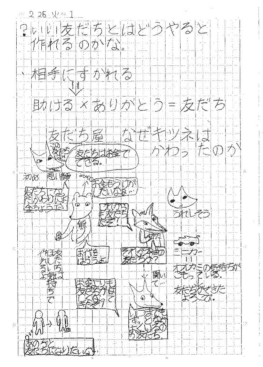
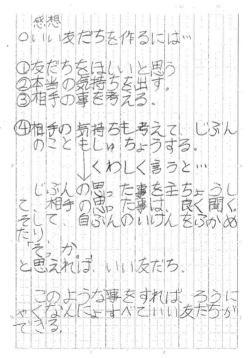

中には道徳ノートに自分だけのネーミングをつける子どもも現れる。こだわりがあってとてもよいと思う。そのようなこだわりをもつ子だったら、きっと自分自身の生き方に対して

もこだわりをもちながら、前向きに歩んでくれることと思う。

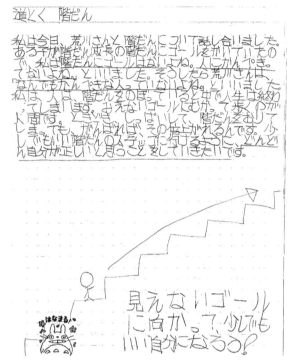

　このような階段の図は、子どもたちにとって共感しやすいようで、1人が書き始めると、次々に真似を始める。「Aさんが階段を描いて考えているのを見て、分かりやすかったから。」と言っている子がいたが、これはこの学級に限ったことではない。おそらく、少しずつ階段を登っていくことで見えてくる世界があることを感じているのであろう。

　このように、ちょっと子どもたちに自由度を与えてやるだけで、様々な活動が始まる。

　私の道徳ノート活用のポイントは、縦書きも横書きも関係なく、自由に使わせるということである。そのためには、無地の真っ白いノートより、方眼罫がしっくりくる。これは道徳ノート先達者の加藤宣行先生からの受け売りになってしまうが、「文字も図も絵もかきやすい」のである。

　言葉で書くだけよりも、図や絵を入れた方が、思考の幅がグンと広がる。左右に並べて比較もしやすいし、時系列を意識した描き方も容易である。観点を示して、見えないものを見せる時にも有効だし、見つけたものを黒板に出てかかせる時に、「黒板に出ていない人は、自分のノートにかいてイメージを広げておいて」と指示できる。

　そのような中から、様々な発見や開拓が行われる。階段一つ取ってもそうである。段差が小さいもの、逆に大きいもの、平らな部分が長いもの、急激に上がる時や下がるときもある。ひとつひとつに意味がある。子どもたちは、感覚的に優れている分、そのような図の描き方の微妙な違いによって、何かを訴えようとするのである。

〈岡田　千穂〉

第Ⅳ章　「一期一会の道徳授業」を可能にする2つのツール

⑼ 道徳ノートと評価

　道徳の教科化に伴い、評価についての議論が喧しいが、そもそも、よき心も悪しき心も双方持ち合わせているのが人間であって、その人間が、同じ人間の道徳性を評価することができるのであろうか。ましてや数値評価などできるわけがない。無理にしようとすれば、行為・行動ができたかどうか、またはできた内容についての評価基準を作る程度であろう。例えば、挨拶ができたか、その挨拶は声が大きく、相手の目を見てはきはきとできたか、立ち止まってできたか、などである。もちろんこれらの所作には意味があるわけで、しないよりはできた方がよい。しかし、それだけを目的化してしまうと、相手の顔色を見ながら表面を取り繕う子どもを育てかねない。

　むしろ、道徳の評価はその反対に、できなくてもよいというところから出発せねばならないのではなかろうか。そのような自分を自覚しつつ、そこからよりよくあろうとする前向きな意識をいかに保ち、自ら向上させるような方向性をもたせられるかどうか。いずれにせよ、評価活動は子どもに還るものでなければならない。

　ここでも、道徳ノートの活用がポイントとなってくる。

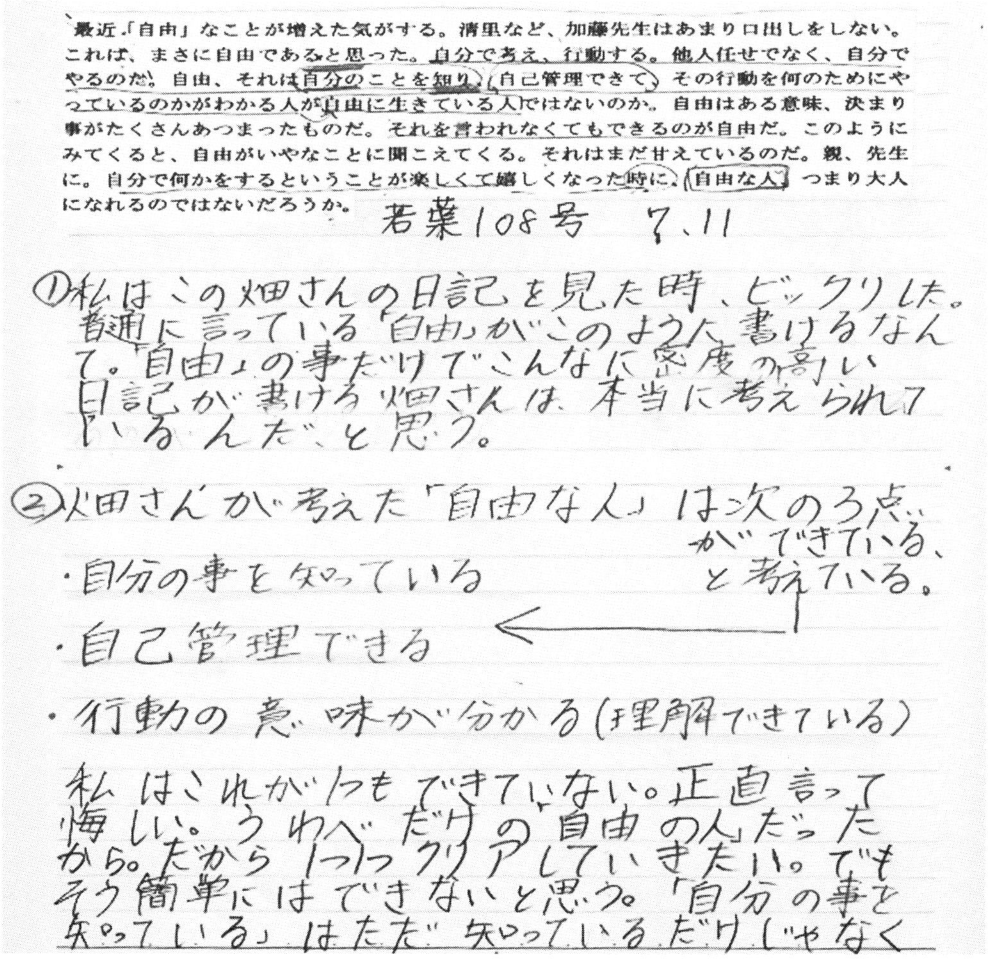

135

前ページのノートは、私が担任した6年生のKさんのノートである。これは道徳ノートではなく、「マイメッセージノート」と子どもたちが命名した、いわゆる自分の生き方につなげる自由帳である。ここにKさんは、私が学級通信に載せた畑さんの道徳ノートの文章を貼り、コメントを書いている。

　この後数ページにわたって持論を展開するのであるが、ここに他者評価、自己評価、相互評価という様々な評価活動を行いながら自らの学びを促進させる姿勢が見られる。道徳の評価の基本は、このような相手を認め、自分を認め、よりよい自分につなげていく活動の途中に位置づくべきものではなかろうか。

第Ⅳ章 「一期一会の道徳授業」を可能にする2つのツール

2 写真と図解で分かりやすく解説！ 板書活用法!!

板書の役割は一般的に次のようなものが考えられる。
○ 共通のステージとして
・学習内容のポイントを提示し、共有する……ねらいに沿った伝達機能
・問題や読み物教材を提示して共通の土俵を作る……話し合いの活性化
・学習内容全体を俯瞰してふり返りがしやすいようにする……思考のまとめの補助
・記録として形に残す……ノートまとめの補助
○ 個に応じるツールとして
・個人差、能力差に対応する……視覚化することでの特別支援的配慮
・ひとりひとりが自分の意見を書き込み、意見交流をする場として活用する……活動の保証

【従来の板書】

道徳の従来の板書は、右の写真のように、話の流れに合わせて右から左へと展開する。教材の内容を把握し、共感するという目的の授業においては効果的な板書である。一方で、最初からゴールが見えており、あらかじめ期待される答えに向かって「分かりきったことを言わせたり書かせたりする」という問題提起もなされている。板書も、あらかじめ用意された発問や場面絵、結論を提示するような役割が強くなり、「価値注入型」などと揶揄されることもある。

【テーマ発問型の板書】

テーマ発問型の授業の板書は、掲げたテーマに対して子どもたちが教材の内容をきっかけとして、さらに書かれていない観点を見つけたり、自ら書き込んで意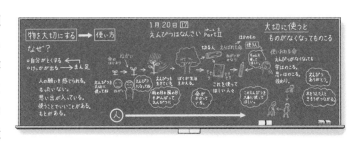見交流をしたりする。そのため、板書の自由度が高くなる。その分、その場勝負の要素が強くなり、指導者が明確なねらいをもっていないと落ち着きどころがなくなる可能性が出てくる。子どもたちにとっては、自分たちで創りあげた板書、考えついた結論という意識が強くなり、学習成果を自分のものとして獲得しやすくなる。結果として、授業後の主体的な実践意欲へと結びついていく。

これからの道徳授業改善は、板書と連動して行うと効果倍増である。

■ 子どもとともに創り上げる、深く考える板書講座

STEP 1 テーマを真ん中に掲げ、適宜図や記号、色チョークを駆使しながら板書を創りあげる。

　その際に留意したいことは、「縦書き、右から左」にこだわらず、横書きであったり、真ん中から始めて行ったり来たりするような、自由な発想で板書を創りあげる意識である。

　全体を俯瞰できるように、時系列を意識して書く。

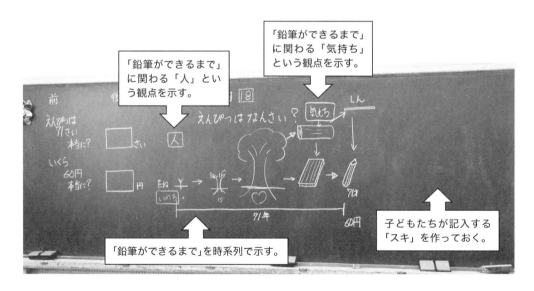

第Ⅳ章 「一期一会の道徳授業」を可能にする2つのツール

STEP 2 観点を共有したら、その観点をもとにして子どもたちに発想させ、板書に参加させる。

板書計画をきっちり立てると、どうしても子どもたちの入る余地がなくなる。そうではなく、あらかじめ子どもたちの発想を書き込ませて仕上げるというイメージで、「立ち入るスキのある板書計画」を立てることである。

STEP 3 出来上がった板書を全員で吟味し、新たな気づきを促したり、子どもたちの言葉や図の補足や意味づけをする。

こうして出来上がった板書は、子どもたちとともに創り上げた「作品」とも呼べるものである。

子どもたちの視野を広げ、あらゆる能力を駆使して思考をサポートするツールとして活用。

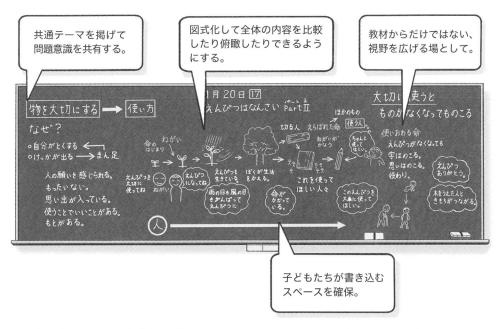

黒板も子どもたちの主体的な学びのためのツールである。一定のルールを押さえた後で、潔く子どもたちに明け渡す。子どもたちの自由な発想から、思いもしなかった展開が見えてくること必至である。

〈加藤　宣行〉

あ と が き

　「道徳の副読本に載っている話っていいですよね。心が洗われる気がします。」これは同僚の先生の言である。この言葉には続きがある。「でも、授業は苦手なんです。"いい話"すぎて子どもたちには響かないみたいで。」

　「いい話だなあ。」と感じる所以は何だろうか。大人だからこそ、心に響く話もあるのかもしれないが、それだけではないはずである。いい話には裏がある、というと異なるニュアンスで聞こえてしまいそうだが、「いい話だなあ。」と感じられる心の姿を分析すると、「なるほど、そういうことか。」「分かった！」「こういうことか!!」と頭でも納得できるようになる。頭で納得することで、「この人、いいなあ。」「この話、いいなあ。」という感情がますます高まる。感情が高まると、自分でもやりたくなる。このような心の動きが起こるのが道徳の時間である。

　では、心の姿の分析とはどのように行うのであろうか。これが、読み物教材の分析である。読み物教材に出てくる登場人物の変容から、「なぜこのようなことができたのか。」等を考えることで、その人自身のよさが見えてくるのである。国語でも算数でも、教材を分析すると大人でも新たな発見があり、「これでやってみたい！」とワクワクするように、道徳も読み物教材を分析し、発問を考えることで「早く授業がやりたいなあ。」と次の道徳の時間が楽しみになる。

　「そんなこといっても……その分析が難しいのよ。」「どうやって読み物教材を分析すればいいか分からないよ。」という声が聞こえてきそうだが、とにかく授業のネタに困っている方は、本書の目玉である第Ⅱ・Ⅲ章の"70％シナリオ"をご覧いただきたい。定番の教材の分析から大まかな授業の流れ、主発問と補助発問、板書例が載せてある。先生方と目の前の子どもたちとで残りの30％を埋めていただきたい。もしかしたら、100％を超える授業ができるかもしれない。また、教科化にあたり道徳の授業をどのようにデザインするのかに興味がある方は第Ⅰ章を、ノートの作り方や板書の書き方を知りたい方は第Ⅳ章をご覧いただきたい。

　本書の特徴は、単なるハウツーものではなく、具体を通して理論が見えてくるようにしたところにある。本書で取り上げ、紹介しているひとつひとつの方法論は、その場の教師や子どもたちが創り上げた「一期一会」的な宝物の結晶である。それをそのまま一般化することはできないであろう。指導者や子どもが変われば、同じ指導案でも反応が変わるのが当然であろうから。だから、ひとつひとつの方法論をいかに目の前の学級の子どもたちに当てはめるかという発想ではなく、そこから得られる本質的な部分を先生方ご自身が吟味し、「自分だったら」「この子たちだったら」という発想での捉え直しを、是非していただきたい。

　一教員として、読者の皆様と同じ目線で教科・道徳の授業のあり方を、見つめ直したつもりである。そしてその結果、本書が、同志である読者の皆様の「明日が楽しみになる道徳授

業の構想」の一助となることができれば幸甚である。

　末筆になりましたが、本書の上梓にあたっては、東洋館出版社編集部の大場亨さんから様々な観点からのご意見をいただき、大変参考になりました。感謝申し上げます。

　　平成28年7月12日

編著者　岡田　千穂

執 筆 者 紹 介

【編著者】

加藤　宣行（かとう　のぶゆき）

筑波大学附属小学校教諭。筑波大学、淑徳大学講師

東京学芸大学卒業後、スタントマン、スポーツインストラクター、神奈川県公立小学校教諭を経て、現職

KTO道徳授業研究会主宰、光文書院『ゆたかな心』編集委員、日本道徳基礎教育学会事務局長、ベーシック研究会常任理事

著書に、『プロ教師に学ぶ小学校道徳授業の基礎技術Q&A』（編著、東洋館出版社、2012年）、『道徳授業を変える教師の発問力』（東洋館出版社、2012年）、『実践から学ぶ深く考える道徳授業』（共編著、光文書院、2015年）他多数

岡田　千穂（おかだ　ちほ）

群馬県前橋市立大胡中学校教諭

群馬県内の小中学校、群馬大学教育学部附属小学校を経て、現職。専門は理科。附属小学校では道徳部主任

文部科学省「道徳教育に係る教師用指導資料等作成委員会」小学校部会委員、光文書院『ゆたかな心』編集委員、日本道徳基礎教育学会事務局・同学会群馬支部事務局長

【執筆者】（執筆順）

加藤　宣行	上掲	
江藤　幸恵	元・神奈川県相模原市立中野小学校教頭	
岡田　千穂	上掲	
根本　哲弥	神奈川県横須賀市立神明小学校教諭	
中村　絵里	神奈川県小田原市立片浦小学校教諭	
加藤八千代	埼玉県さいたま市立原山小学校主幹教諭	
古見　豪基	埼玉県和光市立第五小学校教諭	
見上　慎哉	神奈川県綾瀬市立落合小学校教諭	

【イラスト】

髙橋　　純	神奈川県相模原市立青野原小学校総括教諭

子どもが、授業が、必ず変わる！「一期一会の道徳授業」

2016（平成 28）年 8 月 8 日　初版第 1 刷発行
2019（平成 31）年 2 月 4 日　初版第 4 刷発行

編　著　者：加藤　宣行
　　　　　　岡田　千穂
発　行　者：錦織　圭之介
発　行　所：株式会社東洋館出版社
　　　　　　〒 113-0021　東京都文京区本駒込 5 丁目 16 番 7 号
　　　　　　営業部　電話 03-3823-9206　FAX 03-3823-9208
　　　　　　編集部　電話 03-3823-9207　FAX 03-3823-9209
　　　　　　振　替　00180-7-96823
　　　　　　Ｕ Ｒ Ｌ　http://www.toyokan.co.jp

印刷・製本：藤原印刷株式会社
装丁・本文デザイン：竹内　宏和（藤原印刷株式会社）

ISBN978-4-491-03257-3
Printed in Japan

JCOPY ＜㈳出版者著作権管理機構　委託出版物＞
本書の無断複写は著作権法上での例外を除き禁じられています。複写される場合は、
そのつど事前に、㈳出版者著作権管理機構（電話 03-5244-5088、FAX 03-5244-5089、
e-mail：info@jcopy.or.jp）の許諾を得てください。